उजाड़ में संग्रहालय

उजाड़ में संग्रहालय

चन्द्रकान्त देवताले

राजकमल प्रकाशन

ISBN : 978-81-267-0693-8

मूल्य : ₹595

पहला संस्करण : 2003
दूसरा संस्करण : 2021
This book is printed on **Print on Demand** Technology : 2026

प्रकाशक : राजकमल प्रकाशन प्रा.लि.
1-बी, नेताजी सुभाष मार्ग, दरियागंज
नई दिल्ली-110 002

शाखाएँ : अशोक राजपथ, साइंस कॉलेज के सामने, पटना-800 006
पहली मंजिल, दरबारी बिल्डिंग, महात्मा गांधी मार्ग, प्रयागराज-211 001
1, अनमोल सोराबजी संतुक लेन, धोबी तलाव, मरीन लाइंस, मुम्बई-400 002

वेबसाइट : www.rajkamalprakashan.com
ई-मेल : info@rajkamalprakashan.com

UJAR MEIN SANGRAHALAYA
(Poems) by Chandrakant Deotale

मुक्तिबोध, परसाईजी
और रघुवीर सहाय को
जो हर मोड़ पर
कुछ न कुछ कहते हैं

अनुक्रम

सिर्फ़ तारीख़ें नहीं बदला करतीं समय

असंख्य आँखों से दिखाई दे रही
चमकती चीज़ों की पीठ के पीछे
स्याह स्मृतियाँ ही नहीं साजिशें भी हैं ख़तरनाक
वक़्त नहीं है
समय की इस ऊँची कूद को कोई भी नाम दे दो

कुछ आँखें दूसरे समय की आँखों में झाँकती हैं
दहशत ने क्षत-विक्षत कर दिया है जिसका चेहरा
मैं खड़ा हूँ उनके बीच
जिनके पक्ष में नहीं है इस वक़्त न्याय का एक भी शब्द

क्या यह सिर्फ़ एक ही दुनिया है
नहीं कई दुनियाएँ हैं इसी में मथाती हुईं
एक उनकी भी शायद सबसे बड़ी
जिनके नसीब के अँधेरे में
सब कुछ शून्य पहाड़ की तरह ठहरा है

होने और रहने के बीच पता नहीं
यह कैसा छायायुद्ध है जिसकी धुन्ध में
सच के गवाहों को नहीं दिखाई देता ऐसा कोई रास्ता
जो आदमी के भीतर के बगीचे की तरफ़ जाता है

और सदी के बीचोंबीच
जिस निहत्थे की प्रार्थना पर दागी गई थी पिस्तौल
दुनिया ने उसे ही घोषित कर दिया है

सदी का श्रेष्ठ मनुष्य
हमने सिर्फ़ उसकी प्रतिमाएँ खड़ी कीं
फिर इतिहास और स्वाभिमान की मरम्मत के नाम पर
देखते सहते हुए तोड़-फोड़
हम उसकी शताब्दी से गुज़रे
और अपनी विस्फोटक धकापेल में
जीवन के बाहर फेंक दिया उसे
उसी की जयजयकार करते हुए

इधर झूठ और धोखे की भीड़ भगदड़ में
फँसे ठिठुरते असंख्य लोग
पेट और आत्मा के लिए ईंधन ढूँढ़ रहे हैं
नुमाइश में नहीं हैं
गंजे पहाड़ों के झुके कन्धे
महान नदियों की कीचड़ सनी आँखें
मातृभाषा के भीतर का भीषण उजाड़
मन्नतों के पथराए होंठ
और सपनों का दुर्भाग्य भी नहीं है
मालिकों की इस शोभायात्रा में

और वे काबिज हैं जो बेकाबू हैं इस वक़्त
जितनी ताक़त उससे ज़्यादा ओछापन है उनके पास
वे ही सवार हैं रथ पर
खींच रहे जिसे झुंड के झुंड अपराधी
जिनमें कई नए-नए डोमाजी उस्ताद

इतनी चकाचौंध—तेज रफ़्तार
इतना अँधेरा—इतना असमंजस
कम्प्यूटर के ब्रह्मांड को बेधती इतनी आवाज़ें
बाहर और भीतर भी यातायात जाम
कि विस्थापितों को कुछ भी सूझ नहीं पड़ता
आता है—जाता है—जो भी दिखाई पड़ता है

कहता है एक ही बात—वक़्त नहीं है

सचमुच यह कोई नई शुरुआत है
या उसी पुराने दुःस्वप्न का एक बदला दृश्य
क्योंकि सिर्फ़ तारीख़ें नहीं बदला करतीं समय
एक के आगे दो या तीन शून्य लगाकर
बेचा जा सकता है महज एक चमकदार धोखा

एक दिन जब न्याय माँगनेवाले
खोजते हुए ईंधन पा जाएँगे डाइनामाइट
उसी दिन तय होगा
कि अब कौन-सी नई सदी शुरू हुई
किनकी नई सदी

फ़क्त एक वहम है जो चीज़ों को थामे खड़ा है

बरसों से चल रहे हैं मुक़दमे
मुक़दमे चल रहे हैं
किन्तु घोड़े अड़े हैं फ़ैसलों के
बढ़ रही हैं तारीख़ें
और सज़ा एक को भी नहीं हो रही
सेवानिवृत्ति के दरवाज़े पर खड़ा
राजस्व अधिकारी बड़बड़ाता है

बड़बड़ाता है राजस्व अधिकारी
चाय की प्रतीक्षा में
चपरासी गया सो गया
जीप ले गया ड्रायवर डीज़ल भरवाने
वह भी पेट्रोल पम्प का हो गया

दीमक की फौज़ों से बेख़बर
महक़मे का इतिहास
बेशुमार भीड़ दालानों में
भिनभिनाती मक्खियों के बीच
गड़ी हुई चीज़ें खोदने की कोशिश में पस्त
फुसफुसाती छायाएँ
तक नंगी हो जातीं यहाँ
अमानुषिक भाषा की अमरता में
चीख़ती हैं गूँगी ज़ुबानें
टुच्ची हवाओं में कोई नहीं सुनता
अपने जीवित होने के शपथपत्र को

ख़ुद पढ़ता हुआ एक बूढ़ा सन्देह में गड़ा है
वह पूछना चाहता पास में खड़े से—
क्या वह जीवित नहीं है
पर बिन पूछे ही बेंच के किनारे बैठ जाता है

एक सनकी आदमी
चाबुक की तरह फटकार रहा है ख़ुद को
कचहरी के अस्तबल में साईस हँस रहे
घोड़ों की प्रगाढ़ निद्रा पर कोई असर नहीं
घोड़े नहीं घोड़ों की छायाएँ दौड़ रही हैं
किसी को दिखाई नहीं देती पृथ्वी की दँतकड़ी
बहता फ़ेन
साईस भी ऊँघते सवार
महज़ उनकी वरदी चमकदार

भागमभाग सीढ़ियों पर
दरवाज़ों के सामने झुंड-के-झुंड
अकड़ते-हुमसते ख़ूनी नरमुंड पहचान में नहीं आते
बजती घंटियाँ
हाँफ़ती बेख़ताएँ मुआफ़ी माँगती
वक़्त बेज़ा आन पड़ा—कहा किसी ने
तो खड़खड़ाने लगे टाइपरायटर कुछ देर के वास्ते
तभी सुनाई दी गाड़ियों के जाने की आवाज़
एक साथ कहा सभी ने—गए
दुबक गए न्यायाधीश
ग़ायब राजस्व अधिकारी
आपोआप खिसक गई घड़ी आगे
पटाक्षेप—ख़त्म हुआ आज का काम

जमुहाइयों के बीच खाँसता समय
विक्रमादित्य की प्रतिमा यदि पत्थर की भी होती तो
उड़ जाती सचमुच अब तक यहाँ से

किन्तु वह आदमी
बुत की मानिन्द बैठा है
जैसे नींद से जगाते उसे, कहा किसी ने
जाओ बन्द हुआ सब कुछ बाद में आना
आज नहीं बन सका प्रमाण-पत्र जीवित होने का

डूबती आवाज़ में पूछा उसने
तो क्या मैं आज ज़िन्दा नहीं था ?
ज़वाब में सुनाई दीं सुनसान गुम्बदों से गूँजें—
हक़ीक़त कुछ नहीं है यहाँ
फ़क्त एक वहम है जो
चीज़ों को थामे खड़ा है
आग लग गई मधुमक्खियों के छत्तों में
दूर से आई प्रतिध्वनियाँ
हक़ीक़त कुछ नहीं है यहाँ
फ़क्त एक वहम है जो
चीज़ों को थामे खड़ा है !!

किन्तु जैसे उसने कुछ नहीं सुना
पूछना चाहा चीख़कर
किन्तु उस महामौन में
अटक गई उसकी चीख़
डूबते सूरज के कंठ में

हमारे समय का समाधि-वाक्य

सावधान रहना है किसी भी अज्ञात व्यक्ति से
यह हिदायत है और चेतावनी भी
देश की राजधानी के पुलिस महकमे ने
ऐसी सूचनाएँ चस्पा की हैं जगह-जगह

ध्यान दीजिए ! संदिग्ध व्यक्ति नहीं कहा गया है
और इस अज्ञात में असामाजिक व्यक्ति से सावधानी
कितनी सम्भव है कुछ भी स्पष्ट नहीं है

प्रतीक्षा करते किसी का पता-मकान ढूँढते
या मुझ जैसे बाहर गाँव से आए के प्रति
आसपास के लोगों की सावधानी किस तरह की होगी
सोचते हुए अविश्वास के चेहरे पर
खतरे की चमकती आँखें दिखाई देने लगीं मुझे

तभी एक बड़े फाटक के सामने दिखी एक बच्ची
जो मुझे देख रही थी कुछ कौतुक से
मन में खटका हुआ
मुझ जैसे अज्ञात को देख कहीं वह चीख़ तो नहीं पड़ेगी
जख़्मी जगहों और असुरक्षित वक़्त के बावजूद
मेरे भीतर के पानी की रोशनी में
एकाएक जागा एक पत्थर दुःख
यह जताने की कोशिश करते हुए कि नहीं
मैं नहीं हूँ वैसा अज्ञात व्यक्ति
पता नहीं क्या-क्या बदा है आदमी के नसीब में

बुदबुदाते हुए मुझे हँसी आ गई
और ताज्जुब !
दूज के चाँद जैसी मुस्कान के साथ
चमकीं उसकी निर्दोष आँखें
जिनमें क्षणभर का अनन्त था

इस मुस्कान के आसमान में सब कुछ था
इतना स्वाद जीवन का
कि मैं जी गया—जीत गया
हिमाकत भी की मैंने
उस अज्ञात बच्ची को थपथपाने की
फिर अनदेखी करते टुच्ची हिदायतों की
खुश और आश्वस्त आगे बढ़ गया

और मुझे यह मुनासिब नहीं लगा
कि मैं सर्वज्ञात-सम्मानित हत्यारों के बारे में
कोई टिप्पणी करूँ
यह भी कौंधा मेरे मस्तिष्क में
मैं भी तो रहता हूँ सावधान अज्ञात व्यक्तियों से
हमारे समय का शायद यही होगा समाधि-वाक्य
हर कोई रहता था एक-दूसरे से सावधान
यहाँ तक कि प्रेम में भी बरती जाती थी
भरपूर सावधानी

उजाड़ में संग्रहालय

पुराने उम्रदराज़ दरख़्तों से छिटकती छालें
कब्र पर उगी ताजा घास पर गिरती हैं
अतीत चौकड़ी भरते घायल हिरण की तरह
मुझमें से होते भविष्य में छलांग लगाता है

मैं उजाड़ में एक संग्रहालय हूँ
हिरण की खाल और एक शाही वाद्य को
चमका रही है उतरती हुई धूप

पुरानी तस्वीरें मुझ पर तोप की तरह तनी हैं
भूख की छायाओं और चीख़ों के टुकड़ों को दबोचकर
नरभक्षी शेर की तरह सजाधजा बैठा है जीवित इतिहास

कल सुबह स्वतन्त्रता-दिवस का झंडा फहराने के बाद
जो कुछ भी कहा जाएगा
उसे बर्दाश्त करने की ताक़त मिले सबको
मैं शायद कुछ ऐसा ही बुदबुदा रहा हूँ

पन्द्रह अगस्त

आज़ादी से थके लोगों को अब याद नहीं है
सफ़ेद कबूतरों की उड़ानें,
चमकदार और सुन्दर होकर
चीज़ों में प्रवेश कर चुका है अँधेरा
उन चीज़ों में भी
जो अभी हमें दिखाई नहीं दे रही
और प्राचीन पत्थरों के बीच बैठी एक बुढ़िया
आज़ादी की समकालीन होने के लिए
ढूँढ रही है पानी,
उसके बेटे आज के दिन डकार लेने के लिए
रच रहे हैं मक्का चुराने का षड्यन्त्र
बुढ़िया जहाँ भी हाथ डालती है
बिच्छू डंक मारते हैं
और उसके बेटों के कानों में
झनझनाता है हथकड़ियों का संगीत

इस खुशनुमा उत्सव में
विस्मृत महात्मा की कब्र खोद रहे हैं हत्यारे
और करोड़ों लोग आज़ादी में गिरफ्तार
मौन खड़े हैं

कोई मुझसे पूछ रहा है
'क्या तुम इस सबका वर्णन कर सकते हो ?'
मैं बुदबुदाता हूँ—'नहीं' !
क्योंकि वधिकों पर

गड़ी हैं इस वक़्त मेरी निगाहें
जो आज कुछ ज़्यादा ही
उत्साहित हैं,
और मैं दहाड़ती जुबानों के नहीं
उनके पक्ष में हूँ
जो अभी ख़ामोश हैं

अपना जहाज़

सचमुच के साम्राज्य का जहाज़
मस्तूल नहीं और छेद ही छेद इतने
कि कह सकते बिन पेंदे का
सिर्फ़ पताकाओं की भव्यता के सहारे
खड़ा सफ़ेद चमकती रेत में
दीगर सब कुछ भी दृश्यमान
उत्सव की तरह
पूछताछ, आवाजाही, वर्दियाँ, पहरा
भोंपू की आवाज़, घोषणाएँ, सीढ़ियाँ
सब कुछ वैसा ही
जैसा सचमुच के वैभव का साम्राज्य
सन्नद्ध विजय-यात्रा को
हर क्षण लगता बस अब छूटने ही वाला लंगर

पर नहीं होगा टस से मस
और डूब भी नहीं सकता
रेत में जो खड़ा
अपना बिन पेंदे का जहाज

म्यूज़ियम की पुस्तिका से

एक दिन हमेशा-हमेशा के वास्ते
अन्तिम दिन सिद्ध होता है
मौत के चमकते सम्मोहन के सामने
चट्टान बन जाता है बहता हुआ ख़ून
तहस-नहस हो जाता है
इच्छाओं के बसन्त का अपना जहाज़

एक कुत्ता फ़ोन की घंटी को
सूँघने की कोशिश में पछाड़ें खाता है
भौंकते हुए समुद्र के सामने
समय की दँतकड़ी बँध जाती है

जो जा चुका होता है
उसकी चीज़ें म्यूज़ियम में नहीं सजाई जातीं
म्यूज़ियम में सहेजी जाती हैं जिनकी चीज़ें
ज़िन्दगी में उनके वास्ते कोई जगह नहीं होती

'नहीं कुछ' के समुद्र में जो डूब चुके होते हैं
भूखे-प्यासे-नंगे
तट पर उनके अनाथ कपड़ों को
बचा नहीं पाते धूप तक के हाथ
म्यूज़ियम हो जाता है समूचा ब्रह्मांड
सुनाई देती है घोड़ों की टाप
दिखाई देते हैं शताब्दियों की धुन्ध में चमकते सिंहासन-मुकुट

किन्तु तट पर पड़े ये अनाथ कपड़े
इन्हें कुत्ते चींथते हैं
कभी ये सिपाहियों के वास्ते
पंचनामे की मुसीबत साबित होते हैं

सचाई ये है
कि म्यूज़ियम की पुस्तिका में दर्ज़ टिप्पणियों से
यह कभी नहीं जाना जा सकता
कि बच्चों की गेंदें कहाँ गईं
माओं के आँसुओं का क्या हुआ

इतिहास की गुफ़ा में
कोई कुछ नहीं देख सकता
सिवाय उन छायाओं के जिनकी फुसफुसाहटों में
ग़ायब होता जाता है व्यतीत
महज़ कुछ कौवे उड़ते हैं
जिनकी चोंच में चमकते हैं मोती
पता नहीं किसके ?

वैधानिक चेतावनी

प्रस्तावित करता है 'वैधानिक' पद
मनुष्य का ऊँचा कद और आज़ादी
इसीलिए वैधानिक जीवन जीने का भरपूर प्रयत्न करते हैं
ऊँचे दर्जे और हैसियत वाले सम्भ्रान्त जो
मुहैया कर ही पाते हैं अपने लिए इस सुविधाजनक पद्धति को

औसत और निम्न जनों को नसीब नहीं होने से
सुविधाएँ ऐसी जैसे—अनाज-कपड़े या शौचालय
वैधानिक की गरिमा नहीं अवैधानिक के ज़ुर्म पर
कायम रहती है, उनकी जीवन-शैली
कुछ-कुछ उन कवियों की कविता जैसी
कबीर जैसों की जमात में जो आते हैं

वैधानिक चीज़ें नहीं मुहैया और अवैधानिक पर
काबू ना करवा पाने के कारण
रोकथाम के उपाय जैसी सहायक होती चेतावनी वैधानिक
मानवता, परोपकार और कर्त्तव्यपरायणता जैसी
चीज़ों की रक्षा की उम्मीद की जा सकती जिनसे

अब अगर सपनों की टहनियाँ नहीं उगा सकते आँगन में
तो मरघट में सपनों के चूहे तो दौड़ा सकते हैं
कुछ ऐसी ही निरीह और निर्दोष हुआ करती है
वैधानिक सूचनाएँ अपनी
जैसे इस नदी के पानी में
मछली का जीवन दूभर है इसको मत पीना

अब बिन पानी के जीना कैसे इसकी माथाफोड़ी
का जिम्मा उनका है जिनको अवैधानिक पानी पीकर जीना है
कुछ चीज़ें खा या पीकर लकवा-कैंसर-अन्धत्व
बाँझपन या ज़्यादा-से-ज़्यादा मौत हो ही जाती है
तो इनके डिब्बों पर भी लिख ही देते हैं
हिन्दी-अंग्रेज़ी दोनों भाषाओं में 'सावधान सेहत को ख़तरा है'
इस तरह यमदूतों की मानहानि करती है, वैधानिक चेतावनी

इस कविता का केन्द्रीय शब्द है 'हिंसा'

नियम भंग की वह भूतहा धारा आँधी की तरह थी
जो आज भी क़ायम है प्राचीन शिलालेखों की तरह
जबकि वह है सौ वर्ष भी पुरानी नहीं
कि उसकी पुरातत्वीय सुरक्षा ज़रूरी हो

'हिंसा भड़काने की कोशिश में धरपकड़'
और फिर इस धारा के क़ानून सम्मत चेहरे इतने
जैसे अँधेरे में नाचते अनगिन काल्पनिक पशुओं के
भयावह मुखौटे

तब दादा कहा करते थे :
हमारे पास भैंस नहीं तो क्या
पर समरथ के पास लाठी है
और वे समरथ हैं इतने कि आँगन की छाया
तक को भैंस साबित कर सकते हैं

इस कविता का केन्द्रीय शब्द है 'हिंसा'
और मैं कहता हूँ—शब्द चाकू है
मैं जौलखेड़ा में पैदा हुआ जो गोंडों का इलाका था
समझदार होते ही मैंने देखी चाकुओं की चमक
दादा ने बताया :
ये चाकू नए दिख रहे हैं विलायत से आए
पर ये पुराने हैं हजारों बरस पुराने पत्थरों की तरह
अपने चाकू कोदो-कुटकी के हाथों में हैं
और उनके चाकू हाथी-घोड़ों के

यह हिंसा की प्राक्तन बावड़ी है
हड्डियाँ समा जाती हैं तहख़ानों में
ख़ून उड़ा दिया जाता है भाप बनाकर

जब मैंने पूछा :
कोदो-कुटकी के हाथों के चाकू ?
तो वे चुप हो गए
इतने चुप
कि चुप के पहाड़ लगे
जिससे मैं डर गया

इस डर की उमर चालीस साल से अधिक है
अब सवाल धारा का मौजूद रहना नहीं है
सवाल चाकू का देशी हो जाना भी नहीं है
सवाल यह है कि चाकू अभी तक भी है
दुश्मनों की भलमनसाहत में चमकता हुआ
और अभी तक भी यह अस्पष्ट है
विराट काले धब्बे की तरह
कि हिंसा कौन भड़का रहा है ?

मेमनों की तरह दयनीय
या जब-तब गुर्रानेवाले सौंप दिए जाते हैं
प्राक्तन बावड़ी को
जिसे शास्त्रसम्मत प्रमाणित कर दिया जाता है

शब्द चाकू है और चाकू प्रश्न
मई के मध्याह्न के सूरज के ठीक नीचे
इन दोनों की आजमाइश ज़रूरी है
ताकि फूटकर बह सके
शास्त्र की पसलियों में सतत घर किया मवाद

कवियों की छुट्टी

अनन्त अवकाश पर ही रहे हैं कवि
सदा से
इस संसार में
अछूत आदिवासी ढूँढ़ते अमृत-कलश
सोने से मढ़ा-ढका पात्र
रोटी के टुकड़े को तरसते
कबीर, तुलसी, चोखा, वाय्येखो़
गाँव के पाटिल से त्रस्त तुकाराम
सम्भ्रान्तों से सताए पूछते थे
अब मैं खाऊँगा क्या ?

कितने-कितने मुक़दमे कवियों के
जन्म के खिलाफ़
कितना ग़ुस्सा उनका
कि 'तोड़ देंगे टाँगें दुनिया की ही'
जो 'बावली पत्थर पूजन जाए।'

सपनों की चट्टानों में
आँखों के तीखे बरमे तेज़
चक्करदार नृत्य मुद्रा में आदिम
चिनगारियों की उड़ती तितलियाँ
जलते पंख समय के

पूछते ही रहे कवि हमेशा अपने ही
बारे में

नाम, रास्ता, जगहें
सब कुछ निष्कासित ही रहा
जिनका
समय के जगमगाते क़ातिल इलाक़े से

अग्नि से ही उपजे मन्त्र
लपटों में ही स्फटिकवत् खुले स्तन
पारदर्शी बने पेड़, घर शब्द ही से
बहा प्रसन्न प्रपात नींद के दर्रों में
अदृश्य स्पर्शों ने पाट दी अनन्त की दूरियाँ

सपने देखने और जागने के बीच की
हदों को तोड़ा कवियों ने
पहले दिन के सूरज को पता नहीं होगा
बीसवीं शताब्दी में ख़तरनाक होगी बेहद
ग़ालिब के ऐसे प्रेम की सज़ा !

कविता के घर में मातम
दरारें, सन्नाटा, बयाबाँ
खंडहर होना
घोषणा कवियों की छुट्टी की, उसके द्वारा
जो पैदा नहीं हुआ
प्रेम किया नहीं जिसने
जिसको डर नहीं मरने का

थरथराहट से वास्ता नहीं कोई जिसका
जो सुन नहीं सकता
अब उसको कैसे बताएँ
कि सचमुच अनन्त अवकाश पर ही
रहे हैं कवि
शताब्दियों से अपनी ही कब्र खोदती
इस दुनिया में
कोई सुने मोमिन ने जो कहा

क्षमाप्रार्थी हों कविगण

विकट कवि-कर्म जोखिम भरा
उलटा-पुलटा हो जाता कभी-कभी

धरती का रस निचोड़ने में
मशगूल लोगों के
खुशामदी लालची धूर्त कपटी और हिंसक
चरित्र को उजागर करने
कवियों और पुरखों ने मदद ली
जीव-जन्तुओं के गुण-धर्मों से
छोटे-मोटों की क्या बिसात
हाथी-घोड़ों तक का कद छोटा हुआ

अपनों पर ही घात करने
या बेबात अड़ने वालों के पीछे
पुष्ट होती हड्डियाँ जिस नेकी से
उसे भेड़िए ने तो नहीं गाड़ा खोद के ज़मीन में
गूँगे-कायर होने का
प्रशिक्षण देने नहीं आया विशेषज्ञ सियार
रंग बदलने वालों की देह में
क्या छिपकर बैठा था गिरगिट
या केंचुआ उनकी आत्मा में
जो नहीं खड़े हो पाए कहने 'नहीं' तनकर
उल्टी ही तो बह रही गंगा
सचमुच लांछित हुआ ऐसी तुलनाओं से
यदि जीव-जन्तु जगत

यदि वे महसूस करते शर्मिन्दगी इससे
और भेजते हों लानत मनुष्य आचरण पर
तो बेशक क्षमाप्रार्थी हों सब कविगण

बताया गया है

बताया गया है कि बारिश की तबाही से सौ मरे
बताई जाती रही है इसी तरह
चीख़ के गुबार में ग़ायब होती
जाड़े और लू से मरने वालों की संख्याएँ

मालिकों ने बताया
दासों की मौत के बारे में
विषाक्त भोजन खाने या
मिलावटी शराब पीने से मरे

हंटरों-जूतों-लातों
और बलात्कारों के बारे में
कोई नहीं बताता
कोई नहीं बताता उन हिकमतों के बारे में
मरने के पहले जिनसे मार दिया जाता

भूख से तो कोई क्या मरेगा
मैदानों-जंगलों में जब घास-पात हो
पेट भरने के लिए
अस्पताल या जेल में भी मरते हैं बीमारी से
सड़कों पर दुर्घटनाओं के जबड़े में
समा जाते हैं चलते-फिरते हाड़-मांस के लोथड़े
या मुठभेड़ में मारे जाते हैं नाकारा निगोड़े

इतने सुभाषित हैं
तिस पर फ़रिश्तों की असंख्य ज़ुबानें

कि ज़ख़्मी आत्माएँ सहमी दबी रह जाती हैं
अभिनन्दनों को देखते रहते हैं
फटी आँखों
हाथों में पसीजकर रह जाते हैं
भर्त्सना प्रस्ताव
ईश्वर तुम्हारे पास क्या नहीं
सब कुछ है कचहरी-दरबार
तुम ही बनाते न्याय
न्यायाधीश बन फिर सज़ा सुनाते हो तुम्हीं
तुम ही सरकार, फौज, डॉक्टर, सिपाही, वकील
पर प्रभु तुम उनमें कभी शामिल नहीं जो विषाक्त भोजन,
मिलावटी शराब
बारिश, जाड़े या धूप से मारे जाते हैं

ईश्वर ! तुम जिस चतुराई से
जेब, पेट और आत्मा पर छूरा चलाते हो
उसी चतुराई से अपनी
असंख्य जिह्वाओं से मरनेवालों की संख्या
और मौत के ख़ूबसूरत कारण बताते हो

जो धक्के खा रहे हैं

जो धक्के खा रहे हैं
और भूखे हैं
बरसात उन पर भी रहम नहीं खाती

जिनके लिए वक़्त एक रिसता हुआ फोड़ा है
जो ख़ाली हाथ, ख़ाली जेब
भटक रहे हैं
पता नहीं उनके पास दुनिया के लिए
कौन-सा विशेषण है

कमजोरी, कीचड़ और दुनिया के कमीनेपन ने
उनकी लातों को निकम्मा कर दिया है
धड़कता है उनका दिल, थकी हुई धमन भट्टी की तरह
उनकी आँखें जैसे देखने से इंकार करती हैं

कूड़े करकट के बीच जिनने बच्चे जने
क्या कुछ पता होगा उन औरतों को
पेट से होने के गर्व
और प्रसूति के सुख के बारे में

दुत्कार खाकर और अपमान पीकर
बढ़ते हुए बच्चे, नहीं जानते
कूड़ा समझती है दुनिया उनको

फिर भी पट्टी बाँधकर आँखों पर

दुनिया को चला रही है जल्लादों की फौज
तरक्क़ी के नक्शे और मानवता के मन्दिरों का
शिलान्यास हर रोज़

जो दिखाना चाहते हैं वे
उसी को देखने में मशगूल हैं सब
फिर किसे फुर्सत हो
उन्हें देखने की
जो धक्के खा रहे हैं
और भूखे हैं
बरसात भी ऐसों पर रहम नहीं खाती

नोटबुक से (एक)

बच्चों और युवाओं के भविष्य के लिए
बहस में शामिल पिपलोदा के श्यामलाल गुरुजी सोच रहे हैं
इतने बड़े नेक काम के लिए याद किया गया उन जैसा
वे अहोभाग्य समझकर सपनों की टूटी हड्डियाँ
अपने भीतर जोड़ रहे हैं

पूरा राष्ट्र बहस में शामिल है
इसलिए इसे राष्ट्रीय-बहस कहा गया
और श्यामलाल गुरुजी ने भी दो शब्द कहे
पिपलोदा गाँव की कच्ची पाठशाला में
और सोच खुश हुए, उनके शब्द भी शामिल हुए
मुद्दों के राष्ट्रीय दस्तावेज़ में

श्यामलाल गुरुजी टाटपट्टियों और डस्टर के बारे में
परेशान थे, पूरी बहस के दौरान
और महीनों तक देखते रहे वे आसमान में
नई टाटपट्टियों की उड़ान

नोटबुक से (दो) : 5 सितम्बर '90

जैसे साल में एक दिन साँपों की होती है
उसी तरह बैलों, घोड़ों, कौवों की
साल में एक दिन तलवार-बन्दूक़ की पूजा
उसी तरह झाड़ू-मशीनों-क़लम-दवात इत्यादि की
तीन सौ पैंसठ दिन नवाते माथा पत्थरों को
ताक़तवरों, तख़्तनसीनों, हाकिमों को भी

इसी तरह सम्मानित हुए आज पाठशालाओं के शिक्षक
असंख्य आँखों को रोशनी देने वाले, बहुत सारे विशेषण
वापरे गए जिनके लिए जैसे किसी मरियल खच्चर पर
रत्न-जटित हाथीवाली झूल डाल दी

उपस्थित थे वे समारोह में और ग़ायब भी
जिन्होंने महसूस किया इसे और वे भी जिन्होंने नहीं
देखते रहे तमाशा उन लफ्फ़ाजों का जो सिर्फ़ शिक्षक नहीं
और और बहुत कुछ थे जिनकी आँखों में
नहीं था सम्मान शब्दों में आँच भी नहीं थी
लड़खड़ा रही थी प्रशस्ति करते वाणी उनकी
जिनमें ज़रा भी हया थी
यूँ डूबा एक और समारोह दिवस सम्मान-अलंकरण का वार्षिक कर्मकांड

कारण थे जिसके राष्ट्र-निर्माता-विधाता स्वयं
जिनकी कोई हस्ती-औक़ात नहीं थी

पुल बनेगा तो

पुल बनेगा सोच-सोचकर
दोनों बूढ़ों के चेहरों पर
भावी दुर्दिनों की परछाइयाँ तैरने लगीं
गोगा देव ! पुल का पत्थर
अधार नहीं पाए तो अच्छा
रच्छा करो महाराज

पुल बनेगा तो ट्रकें घुसने लगेंगी
पंजाब-मद्रास की ट्रकें घुसेंगी तो
पोट कर ले जाएँगे वे लड़कियाँ
बेच देंगे ले जाकर पतुरिया बना देंगे

वज्र जैसी कलाइयों से
मुंडे पर पावडर पोत लेंगी लड़कियाँ
हाथ कम पड़ जाएँगे धान के खेतों में
वंश कम हो जाएगा
आकाश में उड़ने वाली गीतों की चिड़ियाओं का

दोनों बूढ़े देखते हैं सामने
पुल के लिए नाप जोख करने वालों के डेरे तम्बू
और सुनते हैं आदिम रातों में खलल
पैदा करने वाले ट्रकों की आवाज़ें
फिर कहते हैं आकाश को ताकते—
बाबा गोगा देव !
पुल मत टिकने-बनने देना

इज़्ज़त पर हमला है
बेटियों की रक्षा करना महाराज
बिफर जाना मैया
तुम कोरी नदी नहीं
महानदी हो माई

घबराया-डरा आदमी

मुझे ताज्जुब हो रहा उसे ऐसा देख
शायद यह उसका ज़मीन पर खड़े होने का कोई कमज़ोर क्षण है
या उसकी आत्मा में बचा हया का एक तिनका
या फिर उसका मुझ पर पुराने दिनों का यक़ीन समझना मुझको आईना
लगा जैसे वह चेहरे का कीचड़ छुड़ा कर आया है
उसकी आवाज़ निकल रही है जैसे गड़े हुए सिक्के

वह बोल रहा है और बोलते ही जा रहा है—
मैं घबरा गया हूँ डर कुत्तों की तरह मेरे पीछे भौंकता ही रहता है
पैंतालीस साल की ज़िन्दगी बीस साल की नौकरी
पर लगता है झूठ और बेईमानी को खोदते बूढ़ा हो गया हूँ
प्रेम के पहले मुझे बीवी से डर लगता है
वह पड़ोसी के यहाँ आई किसी नई चीज़ से शुरू होती है
मुझे लगता है मैं प्रेम नहीं कर रहा
फ़रमाइशों के ताशमहल में भटक रहा हूँ
मुझे अपने बेटे के ख़त से डर लगता है
जो हज़ार से कम कभी चाहता ही नहीं
मुझे लगता है मैं पति नहीं पिता नहीं
एक जानवर हूँ नोट हड़पने वाला
एक मशीन सुविधाएँ जुटाने वाली
मुझे अपने उस घर से डर लगता है
जिसे मैंने अपनी आँखों के सामने बनवाया
दीवारों से, छत से, कीमती मोज़ेक वाले फ़र्श से डर लगता है

हर जगह स्याह दस्तकें फ़रेब की भूलभुलैया

धोखे से कमाई हर चीज़ की काँटेदार झाड़ियों में फँसा मैं
अपने ही खुश लोगों के बीच
अजनबी छाया-सा मँडराता रहता हूँ
मैं क्या करूँ सर ! मुझे इस डर से बचाइए
हालाँकि मैं दूसरों के सामने अक्सर अपनी
ईमानदारी और कर्मठता का बखान करते नहीं थकता हूँ

पर झूठ बोलते वक़्त
मेरे भीतर कुछ मरता है मरता ही जाता है
और जब मुर्गी की टाँग चूसता हूँ मुझे लगता है
मैं चोर हूँ मैंने खाना-पीना चुराया है
और हराम की चीज़ों के बीच
हरामी कुत्ते का पिल्ला हो गया हूँ

वह बोलते-बोलते सचमुच कुत्ते का पिल्ला लगने लगता है
और कीचड़ की परतें उसके चेहरे के करीब आ जाती हैं
वह पसीना पोंछता है और ठंडा पानी माँगता है

यह डरा हुआ आदमी इंसानियत के लिए तोहफ़ा है
ऐसा मैं नहीं समझता
यह दूसरा चेहरा है उसका फ़रेब का
मैं यह भी नहीं कहता क्योंकि वह पुराने दिनों में सेंध लगाता है
जब उसके पास एक मानवीय और निर्भीक चेहरा था

मैं कुछ कहने जा ही रहा था समझाइश-सांत्वना के शब्द
कि वह अपनी ईमानदारी और निःस्वार्थ सेवा के
बखान करने की हवा में आ गया
मैं स्तब्ध देखता और सुनता रहा ईमानदार आदमी को
जो अब कीचड़ में गुर्राता हुआ डुक्कर लग रहा था
एकाएक वह सिर लटका कर बैठ गया
सुस्ताते रहा थके जानवर-सा देर तक
और फिर पस्त आवाज़ में कहने लगा—

सर ! इसी तरह झूठ के दौर आते हैं
मैं क्या करूँ कहाँ जाऊँ
क्या आप इस डर और झूठ से निज़ात दिला सकते हैं
मैं उसे दिलासा देने लगा
उसकी आवाज़ की थरथराहट से बाहर निकलकर
मैं बोलने लगा बहुत धीमे जैसे अब मैं
अपनी आवाज़ को धरती में गाड़ रहा होऊँ

तुम महीने दो महीने की छुट्टी पर चले जाओ
कोई ग़ायब नहीं हो जाएगी तुम्हारी कुर्सी
प्रायश्चित के हैं हजार रास्ते
और सही वक़्त मिलाने के लिए
तोड़ना नहीं पड़ती घड़ी

वह मरीज़ की तरह उठा और दबे पाँव चला गया
मैं सोचता रहा ऐसा तो इससे पहले कभी नहीं हुआ
उसके भीतर होगा ही सत्य का समय
सही वक़्त मिलाने के लिए उसे निर्भर नहीं होना चाहिए
बाहर की घड़ियों पर जिन पर है झूठ का कब्ज़ा

एक गंजा आदमी सिर पर कंघा रखे सोया है

एक गंजा आदमी सिर पर कंघा रखे सोया है
दरअसल कंघा उसके हाथ में है
और वह सिर पर हाथ रखकर
मज़े में जैसा तो नहीं सोया है

राष्ट्रपति भवन और संसद के बीच
छायावाले हिस्से में मैंने उसे देखा भर दोपहर
जहाँ दो घोड़े हिनहिना रहे थे
और एकदम नई-चमकती मारुति कार के पास
तीन सन्तरी मार्गदर्शन जैसा कुछ कर रहे थे

अपने फटे लत्तों में सिकुड़ कर सिमटा वह
वैसा जिम्मेदार नागरिक लग रहा था व्यवस्थित
जो मरकर भी देश की इज्जत बचाता है
वह सोया हुआ लाख की बँधी मुट्ठी
देश के नक्शे का सबसे छोटा हिस्सा गुजरात के
तटीय नुक्कड़ या गाँधी-स्मृति-छाया जैसा लग रहा था

अपनी प्रिय घटनाप्रधान बीसवीं सदी-सा तो
नहीं उसका गंजापन एकदम
पर हाँ, इक्कीसवीं सदी की आशंका जैसा
ज़रूर चमकता उस पर सुन्दर कंघा
जो कम्प्यूटर कैमरे से दिखा पाता रंगीन दूरदर्शन पर
यह दृश्य देख कितना हर्षित होता अपना
जन-गण-मन

बच्चे तो ललचा जाते ख़ास कर कस्बों-देहातों के
इतना सुन्दर चमकदार कंघा देख फिर भेद-भाँप
बाज नहीं आते फूहड़पन से हँसते-चिल्लाने लगते—
'गंजे के सिर पर कंघा' 'देखो देखो कंघा गंजे के सिर पर'
कहती थोड़ी समझदार-जानकार गृहणी कोई भले घर की—
'निश्चित जापानी है कितना प्यारा कंघा टपका होगा ज़रूर
किसी विदेशी के पर्स या हिप पॉकेट से इसके पास
कहाँ से आया'

तभी मैंने देखा दृश्य दुःख भरा
सन्तरी उसकी हड्डियों में डंडा टेंच रहा था—
'उठ बे हरामखोर घास काटेगा कौन तेरा बाप टहलुए'
साथ के सन्तरी ने टिप्पणी की—'किसको मीठी नहीं लगती
नींद फुकट की' वह जग बैठा हड़बड़ाते
काटने लगा घास एकदम ऐसे जैसे
उसकी नींद की गठरी में ही तैयार छिपी हुई थी दराती

मैं पछताने लगा ज्ञानी जी देखते तो खुश हो जाते मस्त
जान न पहचान कैसे बुलवाता उनको
पता नहीं कैसे सोए होंगे इतने बड़े घर में अकेले
बेचारे
इतनी गर्मी इस वक़्त

पवित्र स्नान के दिन धर्मनिष्ठ मरण

वह कूच कर गया
ऐन उस वक़्त जब एक लाख गायों के
दान का पुण्य कमाने
गँदले अमृत में डुबकी लगा रहे थे लाखों लोग

आँकड़ों के भव्य मायालोक में
तुच्छ से भी गई बीती और दरिद्र साबित हुई
उसकी मौत

कोई लेना-देना नहीं रहा मोक्ष से उसका
वह तो जुटा था महीनों से
पाँच पेटों का गड्ढा भरने ख़ातिर
ज़मीन समतल करने के काम में

अब दृश्य में तीन अस्थिपंजर
घसीटते एक लाश ले जा रहे बहाने
दुर्गन्धि फेंकती हवा पीछा कर रही जिनका

रथों-हाथियों-पालकियों पर सवार
साक्षात ईश्वरों और उनके सन्देशवाहकों की
पेशवाई और शोभायात्रा के इस दौर में
मुनासिब नहीं होगा इसे शवयात्रा कहना

अद्भुत रहा उसके मरने का ढंग
प्रत्यक्षदर्शियों ने बताया—

वह खदेड़ने दौड़ा था उस गाय को जो खा रही थी मैला
शायद गवारा नहीं हुआ उसको
पवित्र स्नान के दिन गाय का गन्दगी खाना
तभी लपके कुछ मुस्टंडे चिल्लाते—
'गऊ माता को सता रहा है पापी'
और वह सिर पर पैर रख भागा
फिर पत्थर से टकरा गिरा ऐसे औंधे मुँह
कि किसी भी ईश्वर को देखने
फिर खुली ही नहीं उसकी आँखें

'मोक्ष मिल गया'—'हो गया कल्पवास'
कहने लगे आसपास के इकट्ठा लोग
अख़बार के लिए कहानी गढ़ते सोचने लगा
एक पत्रकार—इस धर्मनिष्ठ मरण के लिए
मंगू के परिवार को मिलना ही चाहिए मुआवजा
या मरणोत्तर कोई पुरस्कार

राष्ट्रीय पशुओं के बारे में

हाथी सबसे पहले याद आता है
सफ़ेद भी, पर मोटी चमड़ी उसकी।
गधा सुन्दर और समझदार नहीं हमारी कहानियों में
पर बहुतायत से हर जगह
रेंकता हुआ सामने ही

रीछ ही कहलाएगा सर्वेसर्वा हाट के करतब में
मदारी रीछ को दंडवत करवाता
जबकि पेड़ पर सीधा नहीं चढ़ सकता रीछ कभी
फायदा उठाती इसका लोमड़ी चालाक इतनी
नए जमाने की
खट्टे अंगूर नहीं होते उसको, मीठे सब
रीछ की पीठ के सहारे मुट्ठी में उसकी

साँप और गिरगिट शुमार नहीं पशुओं में
सियार चतुर हो गए झूठ सिद्ध करते जातक कथा को,
इसलिए मृत हाथी के पेट में नहीं
जिन्दों की पीठ पर उनके आगे-पीछे
चारणों की तरह उनको
सफ़ेद हाथियों के दत्तक पुत्रों-सा ही समझो

जंगल में बड़े और छोटे मन्त्रियों की तरह
शेर-बाघ
महाजनों जैसे चीते
जिनके साथ झुंड के झुंड
लकड़बग्घे—जंगली कुत्ते
जंगलों के पशुओं की चर्चा
शोभा नहीं देती कविता में

हमसे भी तो कुछ सीखना चाहिए मनुष्यों को

इस वक़्त पशुओं को बहुत ज़रूरत है
हमारे यानि मनुष्यों के प्रेम की
ऐसा करके शायद हम पृथ्वी पर चाहते हैं जिन्हें
उन चीज़ों की रक्षा भी कर सकें
वैसे प्रेम की ज़रूरत किसको नहीं होगी
चींटियों से लेकर परिन्दों
और आग-हवा-पानी-दरख़्तों तक को है
और यह फ़ेहरिस्त सिर्फ़ इतनी-सी नहीं हो सकती
क्योंकि यहाँ प्रेम का अर्थ वैसा भी है
जैसा नर्स मरीज़ों
और माँ अपनी सन्तानों से करती है
जैसा फादर शेलप्पा कोढ़ियों के साथ करते थे

ज़रूरत है हिफ़ाजत करनेवाले प्रेम की
क्योंकि न दिखाई देते भी हर क्षण
जिस तरह हमले हो रहे हैं सब पर प्रमाणित करते हैं
कि वधिक तैनात हैं हर अक्षांश और देशान्तर पर
कि कस्साबों की गिरफ़्त में है पशु-पक्षियों का ख़ून, उनकी त्वचा

वे बेहद चालाक और बहुरूपिए
फूलों की गन्ध और नक्षत्रों की रोशनी में छिपाए हैं
हिंसक भेद
वे किसी भी क्षण आपदाओं को
बदल सकते हैं उत्सवों में

प्रदर्शनियों में सजा सकते हैं
हाथियों के उखाड़े गए दाँतों सहित
त्वचा और हड्डियों से बने तोहफ़े
और हमारे चेहरों से टपकते दुःख से बनी
सुन्दर तस्वीरें हमारी आँखों में गड़ा सकते हैं

चींटियों की कतारों का रास्ता
खाई की तरफ मोड़ा जा रहा है
हिंसक सौन्दर्य के जबड़ों में गिर रहे हैं
पक्षियों के पंख
और लोकोपकारी व्यवस्था-चरित्र के सत्यापन में
अखंड कीर्तन कर रहे हैं सत्ता के दसों मुखौटे
साधु-सन्तों-महन्तों और संन्यासिनियों की वाणी के
बाज़ार में बिक रहा है
पता नहीं कहाँ का कैसा मोक्ष
जिसके विज्ञापनों को ऊँची हवा दे रहे हैं अख़बार

इस सबके बीच
कमज़ोर होती जा रही हैं पशुओं की आवाज़ें
छोटी होती जा रही है उनकी दुनिया
सिमट गए हैं उनके घर
जबकि नई-नई तकनीकों से सुसज्जित
क्या से क्या हो गए हैं
मानव-निर्मित क़साईख़ाने
बावजूद इसके
कोई इज़ाफ़ा नहीं हुआ है
पशुओं की किसी भी तरह की भूख में

और हमारी भूख ! जाने दें इसे
हमारे पास कहाँ है वक़्त झाँकने
उनकी दिनचर्या में और ढूँढने

अपने भीतर उनकी आकृतियाँ
अफ़सोस इतना ही
कि जंगलों में कोई नहीं है उनका
जो कहता—'हमसे भी तो कुछ सीखना चाहिए मनुष्यों को
हम नहीं होते तो फिर दूसरे कैसे होते पृथ्वी पर
और सुन्दरता इत्यादि का क्या होता ?'

बम्बई : 5 मार्च '93

इस बार बम्बई आने पर
मैंने मरनेवालों के बारे में नहीं
मारे जाने की युक्तियों के बारे में पूछा,
जो अदृश्य हो गए या ध्वस्त
बचे होंगे स्मृतियों में

समुद्र क्षत-विक्षत चिलकें मार रहा है
बम्बई के तड़के हुए आईने से,
जहाँ अग्निकांड और विस्फोट हुए भीषण
वहाँ बची रह गई धरती को पा
ईश्वर पर मेरे अविश्वास को धक्का लगा,
अपराधियों के बारे में
तहक़ीकात करने के साहस के बावजूद
मेरी आत्मा को यही गवारा हुआ
कि मैं उनके प्रति आभार प्रकट करूँ
कि उनकी मेहरबानी से मेरे इस प्रिय शहर का नाम
अभी तक बम्बई क़ायम रहा

क्या हम बैसाखियों की तरह हैं

कुछ शब्द हैं
जिनकी याद आते ही हम शर्म में गड़ जाते हैं
और इन्हें बताया नहीं जा सकता
क्योंकि ये सबके अपने-अपने निजी होते हैं

कुछ नाम हैं जो हमेशा
अच्छाई की हत्या करते हैं
और हम इन्हें ज़ुबान पर लाना नहीं चाहते
फिर भी प्रेतों के वंशज
इन्हें बार-बार खोदते हैं
ताकि अच्छाई को पनपने का
कम-से-कम मौक़ा मिले

बुरे दिनों में प्रार्थनाओं की बाढ़ आ जाती है
और किसी भी प्रार्थना का एक भी शब्द
हमारे काम नहीं आता

तो क्या हम सिर्फ़ बैसाखियों की तरह हैं
आदमखोरों को ढोनेवाले
टी.वी. और अख़बारों के पिंजरों
और तानाशाहों की झूठ बोलती तस्वीरों के
दुश्चक्रों में फँसे हुए चूहे

क्या हमें कोयला बीननेवाली बच्चियाँ
और जूते चमकानेवाले बच्चे
बताएँगे दुश्मनों के नाम

वे खुद जो हैं जैसे
अपनी आँखों और अपाहिज भाषा से
बिन कहे क्या नहीं कहते वह सब कुछ
जो कहती हैं पहाड़ों के धीरज को
चूर-चूर करनेवाली दुनिया-भर की कविताएँ

कुल्हाड़ी

‘तुम्हारे घर में क्या कुछ है बचाव के लिए ?’
‘मैं समझा नहीं किसलिए’
‘आत्मरक्षा के लिए जैसे बन्दूक...?’
चौंककर कहता हूँ ‘नहीं’
‘तलवार-फरसा-धारिया जैसा कुछ है ?’
‘नहीं’
‘तो लाठी तो होगी ही ?’
‘नहीं यह भी नहीं’
‘तो फिर मारे जाओगे बिन पहचान’

समझाते हैं ऐसा बताते हैं वक़्त के भविष्यवक्ता शुभचिन्तक
मैं दूसरा ही पचड़ा ले बैठता हूँ
गँदले पानी, मच्छर, चूहों और गन्दगी के बारे में
वे हँसते हैं और मानवी लहजे में जगाते हैं
गोया मेरे भीतर सोया हो मध्ययुगीन योद्धा कोई गहरी नींद
फिर पूछते हैं—‘कुल्हाड़ी ?’
और मैं चालीस बरस पहले की अपनी
प्रिय कुल्हाड़ी की याद में डूबने लगता हूँ
जिससे चीरा करता था ईंधन के लिए धावड़े के ठूँड
यादों के गहरे पानी से खींच लाते हैं
हमदर्द क़ातिल समय में दोहराते हैं—
‘कुल्हाड़ी तो होगी ?’

उस एक क्षण में भटक जाता हूँ शहर-दर-शहर
जगह-जगह ढूँढ आता हूँ एकदम निराश

अब इन्हें कैसे बताऊँ उस कुल्हाड़ी के बारे में
जो न जाने कब कैसे विस्थापित हो गई
हमारे घर की ज़रूरत और सरहद से

वे चले जाते हैं कुछ नाराजी
और थोड़ी उपेक्षा के साथ
पर मैं जैसे अहसानमन्द उनका बैठा रह जाता हूँ,
याद करते हत्था उस कुल्हाड़ी का
जिसे चमकाने, चिकना सुन्दर बनाने में
एक बार कितने खुरदरे गट्टेदार हो गए थे मेरे हाथ

अगर तुम्हें नींद नहीं आ रही

अगर तुम्हें नींद नहीं आ रही
तो मत करो कुछ ऐसा
कि जो किसी तरह सोये हैं उनकी नींद हराम हो जाए

हो सके तो बनो पहरुए
दुःस्वप्नों से बचाने के लिए उन्हें
गाओ कुछ शान्त मद्धिम
नींद और पके उनकी जिससे

सोए हुए बच्चे तो नन्हें फरिश्ते ही होते हैं
और सोई स्त्रियों के चेहरों पर
हम देख ही सकते हैं थके संगीत का विश्राम
और थोड़ा अधिक आदमी होकर देखेंगे तो
नहीं दिखेगा सोये दुश्मन के चेहरे पर भी
दुश्मनी का कोई निशान

अगर नींद नहीं आ रही हो तो
हँसो थोड़ा, झाँको शब्दों के भीतर
ख़ून की जाँच करो अपने
कहीं ठंडा तो नहीं हुआ

मज़ा ले रहे होंगे लोग

ऐसी बारिश में
गरमी और प्रेम के सामीप्य का
गरजते बादलों की मसहरी में गहरी नींद
और संगीत के थम जाने जैसे विश्राम का
मज़ा ले रहे होंगे लोग

कीचड़-गन्दगी से बचने
टपकते घरों-झोंपड़ियों में
अपनी गरीबी को भीगने से बचाने
और किसी तरह कहीं से भी
मिट्टी का तेल जुटाने की कशमकश का
मज़ा ले रहे होंगे लोग

लोग सपनों में देख रहे होंगे जल प्रपात
नदियों का अमर्यादित सौन्दर्य
बढ़ता बैंक बैलेंस
लोग जागते हुए सोच रहे होंगे
टूटता छप्पर, ज़मीन छोड़ते दरख़्त
और किसम-किसम के फफोले-बुखार
प्रसूति गृहों और श्मशानों में भी
रुक-रुक कर सहम-सहम कर
चल ही रहा होगा जनम-मरण-व्यापार

इस बारिश में
घर ढूँढ रहे होंगे

घर बना रहे होंगे
ढह गए घरों का मातम मना रहे होंगे लोग
पेड़ से लिपटी हवाओं की तरह
ज़िन्दगी से चिपटे रहने की कोशिश के
संघर्ष का मज़ा ले रहे होंगे लोग

मुस्तैद

पहाड़ और बाँध ही नहीं सुना है दिल तक टूटते हैं
टूट-फूट तो होती ही रहती है
पर कई टूट-फूट जोखिमी नहीं होती
दरवाज़ा, दीवार, छत, फ़र्श,
टूट जाने पर अर्से तक काम चलता रहता है
या चलाते रहते हैं हम
क्योंकि इनके कारण विपत्ति नहीं टूटती
सायकल या चप्पल-सैंडिल टूटने पर
दिक्कत खड़ी हो जाती है एकाएक सामने
सब कुछ ठहर जाता है फिर भी तबाही नहीं होती
बटन टूटने पर कमीज पहनी हो तो
पहने-पहने ही टाँक देती है पत्नी
उस वक़्त मोहक होता है उसका दाँतों से धागा तोड़ना

पर मरम्मत करनेवाले जिन्हें काहिल
पैबन्दबाज समझा जाता नाकारा लोग
ऐसे वक़्त ज़रूरी हो जाते

किसी मरम्मत करनेवाले को पकड़कर लाओ
बहुत अकड़ते हैं मरम्मत करनेवाले
भाव बढ़ गए हैं इनके भी
जैसे जुमले घरों में जब-तब सुनाई देते रहते
और खासकर बारिश के बाद
या घरों में कुछ होने के पहले
मरम्मत करनेवाले अक्सर मटमैले कपड़ों में

एक थैली और मुँह भी लटकाए प्रवेश करते
वे टूटी चीज़ों या टूट-फूट की जगह को
इस तरह टोहते जैसे किसी मुश्किल चीज़ में
आँखें डाल रहे हों और निराश स्वरों में कुछ बुदबुदाते
ऐसे दृश्य कम हैसियतवाले घरों में दिखाई देते
और गृह-स्वामिनी इतना-सा तो काम
कह आसानी बताती

फिर खटर-पटर, शुरू होता ठोका-ठाकी का सिलसिला
बीच में चाय की दरकार धुआँ बीड़ी का
और उनके मुस्तैद हाथ
चीज़ों को मौत के मुहाने से खींच ही लाते
और यह सब करते वक़्त उनके चेहरों पर
ऐसा ज़रा भी नहीं उमचता
कि उन्होंने अमर कर दिया किसी मरणासन्न पदार्थ को
क्योंकि उन्हें पता होती उम्र हर दुरुस्ती के बाद
और यह महारत भी कि दो या तीन महीने बाद
फिर मोहताज होगी यह कुर्सी या खाट इसी हथौड़ी की

मज़दूरी चुकाते वक़्त शुरू होता असल टंटा
और तब वे हथौड़ी की तरह अटल हो जाते
कभी-कभी तो फिर से पहले की हालत में ला पटकने तक को तैयार
जैसे-तैसे तय हो जाने पर वे जाते
मातमपुर्सी से लौटते चेहरे के साथ
उनके जाने के बाद चैन की साँस ली जाती
और मरम्मत की गई चीज़ या जगह को इस तरह देखते
जैसे बहुत बड़ी बचत हो गई

करिश्मे भी दिखा सकती हैं अब किताबें

औद्योगिक मेले के बाद अब यह पुस्तकों का
मेला लगा है अपने महानगर में,
और भीड़ टूटेगी ही किताबों पर
जबकि रो रहे हैं बरसों से हम, कि नहीं रहे
किताबों को चाहने वाले, कि नहीं बची अब
सम्मानित जगह दिवंगत आत्माओं के लिए घरों में

कहते हैं छूँछे शब्दों के विकट शोर-शराबे में
हाशिए पर चली गई है आवाज़ छपे शब्दों की
यह भी कहते हैं कि संकट में फँसे समाज और जीवन की
छिन्न-भिन्नताओं के दौर में ही
उपजती है ताक़तवर आवाज़ जो मथाती है
धरती की पीड़ा के साथ, पर इन दिनों सुनाई नहीं देती

मज़बूत और प्राणलेवा बन्द दरवाज़े हैं
अँधेरे के जैसे, वैसे ही रोशनी के भी
इन पर मस्तकों के धक्के मारते थे मदमस्त हाथी कभी
अब किताबें हाथी बनने से तो रहीं
पर बन सकती हैं चाबियाँ—कनखजूरे निकल कर
इनमें से हलकान कर सकते हैं मस्तिष्कों को
फूट सकती है पानी की धारा इनमें से
और हाँ ! आग भी निकल सकती है
इन्हीं में है अपनी पुरानी बन्द दीवार घड़ी
बमुश्किल साँस लेता हुआ

मनुष्यों का इकट्ठा चेहरा
हमारे युद्ध और छूटे हुए असबाब
हवाओं के किटकिटाते दाँतों में फँसे हमारे सपने
रोज़मर्रा के जीवन में धड़कती हमारी अनन्तता
और उन रास्तों का समूचा इतिहास
जिनसे गुज़रते यहाँ तक आए
और हज़ारों सूरज की रोशनी के नीचे
धुन्ध और धुएँ के बिछे हुए वे रास्ते भी
भविष्य जिनकी बाट जोहता है

पता नहीं कब कौन सा पुच्छलतारा
आकाश से गुज़रा
कि विचारों के गर्भ-गृह के सबसे निकट होने की
ज़रूरत थी जब
आदमी पेट और देह से सट गया
और अपनी प्रतिभा के चाकुओं से जख़्मी करने लगा
अपनी ही आत्मा

जो पवित्र स्थानों को मंडियों में बदल सकते हैं
उनके सामने पुस्तकों-पुस्तकालयों की क्या बिसात
जहाँ पुस्तकालय थे कभी, वहाँ अब शराबघर हैं
जुए के अड्डे, जूतों-मोजों की दुकानें हैं
और जहाँ बचे हैं पुस्तकालय वहाँ बाहर
पार्किंग ठसाठस वाहनों की
जिनसे होकर किताबों तक पहुँचना लगभग असम्भव है
भीतर सिर्फ़ आभास है पुस्तकालय होने का
और किताबें डूब रही हैं और जाहिर है कह नहीं सकतीं
'बचाओ ! बचाओ—दुनियावालो तुम्हारे
पाँव के नीचे की धरती और चट्टान खिसक रही है।'

अपने उत्तर आधुनिक ठाटबाट के साथ

धड़ल्ले से छपती हैं फिर भी किताबें
सजी-धजी बिकती हैं थोक बाजार में गोदामों के लिए
करिश्मे भी दिखा सकती हैं अब किताबें
सर्कस का-सा भ्रम पैदा करते खड़ी हो सकती हैं
उनमें से निकल सकते हैं जेटयान, गगनचुम्बी टॉवर
कारखाने, खेल के मैदान, बगीचे, बाघ-चीते
और लकड़बग्घा हायना कहते हैं जिसे
पुस्तकें ऐसी भी जिनसे तकलीफ न हो आँखों को
खुद-ब-खुद बोलने लग जाए
चाहो जब तक सुनते रहो
दबा दो फिर बटन—अँधेरा और आवाज़ बन्द हो जाए

जिन्हें अपनी पचास साला आज़ादी ने
नहीं छुआ अभी तक भी इतना
कि वे घुस सकें पुस्तक-मेले में
उठा लें अपने हक़ की रोशनी 'कफ़न', 'गोदान'
या मुक्तिबोध के 'अँधेरे में' से
और वे भी जो फँसे हैं
साक्षरता-अभियान के आँकड़ों की
भूल-भुलैया में नहीं जानते
कि करोड़ों के नसीब के भक्कास अँधेरे
और गूँगेपन के खिलाफ़ कितना ताक़तवर ग़ुस्सा
छिपा है किताबों के शब्दों में
और दूसरे घटिया तमाशों के लिए हज़ारों के
टिकट बेचने-ख़रीदने वालों की ज़िन्दगी में
चमकते ब्रांडों के बीच गर होती जगह थोड़ी-सी
सही किताबों के लिए
तो वे खुद देख लेते छलनाओं की भीतरघात से
हुआ फ्रेक्चर
घटिया गिरहकट किताबों के हमले से
जख़्मी छायाओं की चीख़ सुन लेते

अपने फ़ायदे या जीवन की चिन्ता की
जिस सीढ़ी पर होंगे जो
ख़रीदेंगे-ढूँढ़ेंगे वैसी ही रसद अपने लिए
सफलता और धन कमाने
और दुनिया को जीतने के रहस्यों के बाद
अंग्रेज़ी सीखने और इसका ज्ञान बढ़ाने वाली
किताबों पर टूटेगी भीड़
इन्हीं पुस्तकों में छिपा होगा कहीं न कहीं
अपनी आबादी और मातृभाषा को
विस्मृत करने का अदृश्य पाठ
फिर प्रतियोगी परीक्षाएँ, साज-सज्जा
स्वास्थ्य, सुन्दरता, सैक्स, व्यंजन पकाने की
विधियाँ, कम्प्यूटर से राष्ट्रोत्थान
धार्मिक खुराकों से मोक्ष और फूहड़ मनोरंजन
टाइम पास-जैसी किताबों के बाद भी
बचेगी लम्बी फ़ेहरिस्त जो होगी
क्रिकेट, खेलकूद, बागवानी, बोनसाई,
अदरक, प्याज, लहसुन, नीम इत्यादि-इत्यादि के
बारे में रहस्यों को खोलने वाली
बीच में होगा आकर्षक बगीचा बच्चों के लिए
चमकती, बजती, महकती और बोलती पुस्तकों का
मुट्ठी भर बच्चे ही चुन पाएँगे जिसमें से
और जो बाहर रह जाएँगे असंख्य
उनके लिए सिसकती पड़ी रहेंगी
चरित्र-निर्माण की पोथियाँ

और अन्तिम सीढ़ी पर प्रतीक्षा करते रहेंगे
दिवंगत-जीवित कवि, कथाकार, विचारक
वहाँ भी होंगे चाहे संख्या में बहुत कम
जिनके लिए सिर्फ़ संघर्ष है आज का सत्य

इन्हें जो लिखेंगे क्या वे ही पढ़ेंगे ?
कहेंगे जो वे ही सुनेंगे ?
और जिनके लिए जीवन के महासागर से
भरी गई विराट मशकें
साँसों की धमन भट्टी से दहकाए शब्द
क्या वे कभी जान पाएँगे कब जान पाएँगे
कि उनका भी घर है भाषा के भीतर !!

किताबों की दुकान में

भटकते रहने के बाद आख़िरकार
घुसना ही पड़ता है किताबों की दुकान में
पुस्तक-विक्रेता अकेला नीम रोशनी में
बाँचता बैठा रहता है किसी पुरानी पोथी के पन्ने

सड़क के बेइन्तिहा शोर-शराबे
और बाहर की तमाम दिलचस्पियों से कोसों दूर
सटी पड़ी किताबों से सुनाई देती है
सदियों दूर से आतीं आवाज़ें,
जिसे सुन-समझ पाने पर थोड़ा कुछ
प्रकट होने लगते हैं मृतकों के पवित्र चेहरे
कुछ दुष्टात्माएँ भी गुज़रती हैं
दूधिया रोशनी को अन्धकार में बदलते हुए
स्मृतियों की भाफ़ में भींजते हुए लगता है
तुम्हारे भीतर छिपना चाह रही हैं
घुड़सवारों से बचती हुई चीख़ें

कुछ आकृतियाँ जैसे आकाशगंगा से उतरती हैं
और तुमसे तुम्हारे समय के बारे में कुछ ऐसे प्रश्न करती हैं
जिनसे तुम्हें लगता है
पहाड़ों जैसे पंखोंवाला पक्षी तुम्हें लेकर उड़ेगा
और फेंक देगा मगरमच्छों वाले समुद्र में
'मनुष्यों से हुई है भयावह त्रुटियाँ'—बुदबुदाते
बचते जैसे-तैसे अपराध भाव के डुच्चे सहित
तुम आ जाते हो फिर से बाहर

उसी पुरानी सड़क पर
जहाँ तुम्हें हर क्षण दुर्घटनाओं से बचते रहने को
जीवन समझना है

तुम्हारे जाने के बाद

इन दिनों तुम जहाँ भी जाते हो
आईनों के बीच होते हुए भी सबसे पहले
अपने अधेड़ होने का रोना शुरू करते हो
और फिर खोलने लगते हो पिटारा अपनी अद्वितीयता का
तुम्हारे पास याददाश्त इतनी फिर बेशुमार नाम
शहरों-व्यक्तियों-किताबों और दुनिया-भर के
और फिर इन सबके घटाटोप के बीच से
तितर-बितर करते इन्हें
तुम अपना चेहरा ऊपर निकाल लेते हो
एक तरह से इनके बुर्ज पर तोप की तरह जँचते हुए
तुम हमारे बीच देवदूत की उपस्थिति का अहसास कराते हो
तुम्हारी माया और लीला की धूप-छाँह में
ठिठुरते हुए हम लोगों को थोड़ा-सा गरमाने लगती है तुम्हारी आवाज़

हमारी तारीफ़ करते हुए तुम हम पर इशारों से हँसते हो
मुग्ध करते हो आतंकित करते हुए
फिर हमारे थोड़े-से उजाले पर अँधेरा डालते हो
हालाँकि बता देते हो सब कुछ अँधेरा ही था अमूमन
जिसे तुमने रोशन किया

फिर तुम अपने किए धरे का हिसाब देते
पारदर्शी होने की कोशिश में
बताते हो कैसे तुम्हारी छाया के हटते ही ठूँठ
निपात हो गए हैं तुम्हारे लगाए पेड़

हमें लगता है ठीक इसी जगह तुम्हें

हमारे सहारे की ज़रूरत है
पर हमारी आँखों में कुछ उमचे
उसके पहले ही तुम तेवर बदल कर
दिग्विजय से लौटे श्रेष्ठ धवल अश्व की तरह
हिनहिनाने लगते हो
तुम्हारे जाने के बाद बच रहती है अनन्त की धुन्ध
और चमकते-बुझते शब्दों से राख की तरह
झरता रहता है क्षणभंगुर स्वर्ग

जो तुम्हारी आँखों से ही देखने लगते हैं मगन होकर
कुछ टूट-फूट हो जाती है उनके भीतर
कुछ बमुश्किल बचते हुए तुम्हारी माया से
दाख़िल होते हैं अपने समय में
और अपने सौभाग्य से हुई इस मुठभेड़ के बारे में कहीं-न-कहीं
अपनी तरह से दर्ज़ करने की कोशिश करते हैं

सिकन्दर-पुराण

सिकन्दर वाक़ई वही सिकन्दर था क्या
सात सिकन्दर
तीन हिटलर
सचमुच अद्भुत सिकन्दर-पुराण

आज तुम जिसे सिकन्दर समझ रहे हो
नहीं है वह सिकन्दर

एक सिकन्दर मसहरी में खर्राटे भर रहा है
दूसरा हिटलर की क़ब्र में
प्रेतों का तमाशा देख रहा है
तीसरा यूनान के किसी प्राचीन साईस की
पोशाक ढूँढ रहा है

अब यह चौथा सिकन्दर
शब्दों को जिस तरह चबाते भाषण दे रहा है
और शब्दों की उछाल में गच्चे खा रहा है
उससे लगता है यह तीसरा हिटलर है

तो फिर चौथा सिकन्दर क्या कर रहा है ?
पहले हिटलर के सपनों की पहरेदारी करती वह छाया
चौथे सिकन्दर की है

तीनों हिटलरों का हिसाब मिल गया
फिर भी तीन सिकन्दरों का हिसाब गड़बड़ा रहा है

पाँचवाँ सिकन्दर
छठा सिकन्दर
सातवाँ सिकन्दर

भाई जल्दी करो मीज़ान मिलाओ
हिसाब गड़बड़ा रहा है

पाँचवाँ सिकन्दर मरे हुए शेर की दाढ़ी बना रहा है
छठा अपने समर्थक भेड़ों को
सियारिनों का दूध पिला रहा है

और सातवाँ सिकन्दर

उसके बारे में मत पूछो
वह नहीं बताने जैसा काम कर रहा है

तो बताने जैसा काम करते बता दो भाई
फ़र्क नहीं पड़ेगा मीज़ान मिलाना है

तो समझ लो सातवाँ सिकन्दर बोलते हुए मुस्करा रहा है
और उसकी आवाज़ सुनाई नहीं दे रही है

इसकी वजह

शायद यही कि यह आदमी सातवाँ सिकन्दर नहीं है
और ऐसा आदमी जब हाथी के हौदे पर बैठता है
तो वह घोड़ों से जनता का नसीब ठुकवाता है

माफ़िया सरग़ने की गोपनीय हिदायतें

(एक)

डर पैदा करो
भयभीत लोग जब बड़ी तादाद में इकट्ठा हो जाएँगे
तो ख़ून-खच्चर आगजनी का फ़ायदा मिलेगा
हर वक़्त हमें लोहा लेना है अमन-चैन से
सुरक्षित मानसिकता सबसे बड़ी दुश्मन है
इसके विरुद्ध पर्चियाँ, पेम्फलैट, गुमनाम ख़त, टेलीफ़ोन
और अफ़वाह फैलाने वाली कानाफूसी
सबसे कारगर हथियार हैं
पेट्रोल और आग घरों और इंसानों पर ही काफी नहीं
उनके सोच, सपनों और नींद तक पर हमले की
सूक्ष्म कार्यविधि पर अमल हो

होना यह चाहिए कि लोग कुछ भी तय न कर पाएँ
असमंजस, अटकलें, अफ़वाह से बस्ती और बाज़ार ही नहीं
आदमी के भीतर का चप्पा-चप्पा गर्म रहे
असल मकसद है डर पैदा करना
फिर आग अपने करतब खुद दिखाएगी

(दो)

पिछली हिदायत के क्रम में
ज़रूरी है याद रखना
कि भयभीत दिखते हुए
डर पैदा करना प्रभावी होगा
ऐसे कि हर कोई अपनी ही आवाज़ और छाया से डरे

और यह जाहिर होते रहना चाहिए बराबर
कि हमारा जीवन अपने लिए कतई नहीं है
राष्ट्र, देश, जनता के लिए ही
उपद्रवी होने को अभिशप्त हैं हम
रणनीति और अन्तिम लक्ष्य के प्रति चुप्पी शाश्वत
भीतर सरग़ना खड़खड़ाते रहेंगे अस्थिपंजर
बाहर उत्तेजित करती रहे
प्रभामंडल के बीचोंबीच वाली नकली चकाचौंध
बस ध्यान रहे इतना घड़ी चलती रहे लगातार
और सही वक़्त कभी नहीं बताए

(तीन)

भूमिगत गुप्त बैठक के दौरान
आधुनिकतम प्रविधियों के जरिए दिखाए गए थे
इंसानों के बीच सुरंग लगाने के उपाय
और ख़ासतौर पर वह हिस्सा
जहाँ याददाश्त के इलाक़े में पलीता लगाते हुए
उभारा गया था वृक्षारोपण-समारोह का दृश्य
बस यही तकनीक
कि लोग सब कुछ भूलकर प्रसन्नचित्त गाने लगें
और झूमते-झूमते हो जाएँ बर्बर
फिर शुरू हो जाए मारकाट-आगजनी
नेपथ्य में हो जाएँ हमारे लोग
टूटे नहीं कमानी पर सन्तुलन बिगड़ जाए
यही नाज़ुक खेल सावधानी से

(चार)

आक्रामक जुमलों से हुए खामियाज़े से
सबक लेना होगा
भाषा के प्रति रवैया बदलना है
फूल को पवन-झकोरे-महक
बच्चों को गुब्बारे-पतंग

और औरतों को सुहाग-ममता जैसे मुहावरों से
ज़हर देने की महारत हासिल किए बिना
हम वहाँ तक नहीं पहुँच सकते

शब्द स्वतःचालित मशीनगनों से निकलें ज़रूर
पर लगें देववाणी
बरसें पूजा के फूलों की तरह
और देखते-के-देखते कर दें ठार सैकड़ों को

स्थायी विध्वंस के लिए भाषा के ऐसे प्रयोग में
थोड़ी प्रार्थना और थोड़ा संगीत
शामिल करने का सुझाव दिया है
सरदार गोपनीय क्रमांक एक ने
—मालूम हो

(पाँच)

साफ़-साफ़ कह दिया गया था
कि हरकत में कुछ भी न बचे
सिर्फ़ लपटों और धुएँ के सिवा
चीख़ तक नहीं मुँह में डुच्चा दिया जाए
पत्थर हो जाए—आँखों में आँसू
होठों पर कातर पुकार
चेहरे पर दहशत
बचाओ का चीत्कार टूटे पंख की मानिन्द
लटक जाए वहीं होंठ के नीचे

पर मिले हैं सबूत लापरवाही के
हिल रहे थे कटे स्तन, बह रहा था दूध
पास ही फड़फड़ा रहे थे बच्चे के चीथड़ा होंठ

पहली आपत्ति हरकत में पाया जाना इनका
दूसरे कोई शिनाख़्त नहीं बची

हलाक हुए माँ-बच्चे की
मुश्किल हो रहा मर्दुमशुमारी में
इनकी धर्म-जाति-भाषा जान पाना
इस बाबत सख़्त चेतावनी दी है ऑपरेशन प्रकोष्ठ के
सरदार क्रमांक दो ने
क्योंकि गड़बड़ा जाते हैं आँकड़े
किस खाते में डाला जाए ऐसी वारदात को ?

कम ख़ुदा न थी परोसने वाली

चार जने बैठे जीमने रात का भोजन
सब बच-बच कर खा रहे
तीनों बच्चे तक समझदार
पीते बीच-बीच में पानी
पिता लेते नकली डकार

पर कम खुदा न थी परोसने वाली
बहुत है अभी इसमें
मैंने तो देर से खाया
कहते परोसती जाती

माँ थी
सबके बाद खाने वाली
जिसके लिए दाल नहीं
देचकी में बची थी हलचल
चुल्लू-भर पानी की
और कटोरदान में भाफ़ के चन्द्रमा जैसी
रोटी की छाया थी

उस औरत का दुःख

कैंसर पीड़ित उस जवान औरत को
लतिया कर ससम्मान ज़िलाबदर कर दिया लफंगों के न्याय ने
और न्यायमूर्तियों ने भरी सभा में इसे प्रक्रिया कहा

उसकी बूढ़ी माँ का ख़ून जमकर पत्थर हो गया
फिर बहता क्या सबूत के वास्ते
दमाग्रस्त बूढ़े बाप ने शाप दिया ईश्वर को
कुएँ में फेंक दीं पीतल की मूर्त्तियाँ

महाजनों द्वारा निन्दित हुई यह ईश-अवज्ञा

बहुत बहस हुई किन्तु किस मुद्दे पर
लफंगों के न्याय, माँ के पत्थर हुए ख़ून
या बूढ़े बाप द्वारा ईश्वर को दी गई सज़ा
बहुत बहस हुई पर, किस चीज़ पर
कुछ भी नतीजा नहीं निकला

और ज़िलाबदर उस औरत का दुःख
नेपथ्य में पड़ा रहा
किसी टूटे साज़ की तरह

देवी-वध

पितृपक्ष की एकादशी
जब पूरे देश में दूध पीकर अघा रही थीं देवप्रतिमाएँ
और सिर्फ़ चार दिन बाद जगमगाती नौ रातों के लिए
प्रतिष्ठित होने को थीं देवियाँ
मैंने कुछ देवी प्रतिमाओं को सचमुच की औरत बनते देखा
और हैरत में रह गया

मैंने चाहा चीख़ चीख़ कर
यह आँखिन देखी बता दूँ धर्मप्राण जनता को
कि प्रतिमाओं से निकल चल पड़ी हैं देवियाँ
थाम लो देवियों को पलक-पाँवड़े
रास्ते भर फूल कुंकुम आरती—जयघोष ढोल-ताशे
जिससे जो बन पड़े माँग या छीन लो देवियों से

जैसे ही मैंने खींचकर अपने दोस्त को
प्रतिमा से निकल औरत बनती देवी दिखाना चाहा
उसके हाथ का दूध छलक गया
उत्तेजित होते भी मेरी बात मान
वह देवी की तरफ देखने तो लगा
पर उसे वैसा कुछ नहीं दिखा
और वह हाथ छुड़ा भीतर चला गया

तभी मैंने देखा देवी एक आदमी से बतिया रही है
और उसके लच्छन बिल्कुल उन औरतों की तरह लगे
जो दिनदहाड़े ग्राहक खोजने के लिए मजबूर होती है

मैंने दौड़कर किन्तु छिपते हुए
दोनों के बीच हुए संवाद को सुन लिया
मेरा शक सही था
मैंने अपने आपसे कहा—बच गया
अगर कह देता कि यह औरत नहीं, देवी है
तो सचमुच मारा जाता

तभी किसी ने बताया
बावड़ी के पास अभी-अभी एक औरत की हत्या हो गई है
मैं दौड़ा उस तरफ
कूड़े के ढेर पर जो पड़ी थी
उसे भी मैंने प्रतिमा से निकलते देखा था
लटकी हुई जीभ और फटी आँखें देख रही थीं कुछ नहीं को
'देवी का वध' मेरे मुँह से अचानक निकला
और मैंने मुँह दबोच लिया
भीड़ में लोग चिल्ला रहे थे—डायन थी
बच्चों को पत्थर बना ले जाने वाली

देवी को डायन कहा जा रहा था
और मैं सच नहीं कह सकता था, अपने ही भीतर
खतरा मँडराते देख मैं मुड़ा दूसरी तरफ
देखने लगा दूध पिलाने वालों की कतार
तभी एक ताजी बनी प्रतिमा से
तेजोयुक्त प्रभावी देवी प्रकट हो सामान्य-सी औरत बन गई
अबकी मैं खुद दौड़ा उसकी तरफ
मैंने कहा—देवी आप मेरी क्या सहायता कर सकती हैं
पर ताज्जुब देवी खुद गिड़गिड़ाने लगी—
'मैं सदियों से भूखी हूँ फिलवक़्त तुम्हारे साथ जाना चाहती हूँ'
यह अनसोची मुसीबत थी
यथार्थ और सम्भ्रम और चमत्कार के बीच
कुछ भी हो सकता था
सार्वजनिक उन्माद, हत्या, मृत्यु, आत्महत्या

फ़ितना-फ़साद, आगज़नी
कुछ भी हो सकता था

'ऐसे ही वक़्त साहस की परीक्षा होती है'
बुदबुदाते मैं देवी को चुपचाप अपने घर ले आया
और दूसरी सुबह मुँह अँधेरे
भूख मिटाकर देवी
उन औरतों के इलाक़े में चली गई
जहाँ जाना निषिद्ध था

ऐसा नहीं कि मैंने उसे मन्दिरों के बारे में
जानकारी देने की कोशिश नहीं की
बिजासन, हरसिद्धि, अन्नपूर्णा के ठीए ठिकाने बताए
पर जैसा उसने कहा—
फिर से उसके लिए प्रतिमा में प्रवेश असम्भव था

महानायकों और महाकथाओं से रहित
खंख होते समय में पत्थर की तरह खड़ा रहा मैं देर तक
सोचने लगा जिन औरतों को
नंगा करके सताया और घुमाया जा रहा है
शायद वे भी पत्थर, मिट्टी-सीमेंट की क़ैद से
आज़ाद हुई होंगी

फिर बड़ी राजधानी में फैलाने के लिए यह सब कुछ
अपने प्रभावशाली दोस्तों को मैंने बहुत खटखटाया
पर दूसरा ही धत्करम अबाध गति से चल रहा था फ़ोन पर
और नतीजतन
देवी का वध
और देवी का बाज़ार में बैठ जाना
अनसुना-अनदेखा ही रह गया

इस मामले में भी यही बताया गया

नवरातों के उत्सव, उन्माद और उत्पातों से थका शहर
गहरी नींद में रहा होगा
क्योंकर पड़ती सुनाई चीख़ और असहाय कातर गुहार
उस पच्चीस-छब्बीस बरस की युवती की
बड़ी सुबह जिसकी देह के टुकड़े तीन दिशाओं में पाए गए
देवी के मन्दिर वाली दिशा में मस्तक
धनाढ्यों की बस्ती आगे के उद्यान में धड़
तीसरा हिस्सा कारख़ानों के पीछे के कबाड़ में
जिसका नाम नहीं दिया जा सका

पता नहीं कहाँ की गई होगी हत्या
उसके पहले कहाँ बलात्कार
कितने होंगे भेड़िए तीन से कम तो हरगिज नहीं
कौन होंगे हत्यारे धन्ना सेठ, ताक़तवर, दरबारी
जैसे प्रश्नों का कोई अर्थ नहीं बचा था
क्योंकि इस संक्षिप्त नोट पर ख़त्म था वृत्तान्त
कि टुकड़ों से पहचाना गया इतना ही कि वह
साँवले रंग की मजदूरनी या घरेलू नौकरानी क़िस्म की औरत थी
कपड़ों का कहीं अता-पता नहीं मिला
जिससे कुछ और अधिक रोशनी पड़ती

पूरे शहर के सिर्फ़ वे कुछ लोग थोड़ी देर को
परेशान रहे जिनके यहाँ इस उम्र रंग की
काम वाली को आना था

शाम तक भी किसी ने रिपोर्ट दर्ज़ नहीं की
कि उनके यहाँ की कोई ऐसी बाई ग़ायब है

दो दिन की तहक़ीकात के बाद अख़बारों में छपा खुलासा
कि वह आदिवासी थी और गर्भवती भी
सदियों से गुनहगारों-हत्यारों की तलाश जारी है तत्परता से
इस मामले में भी यही बताया गया
और धार्मिक नगरी के देवी उत्सव से अघाए-थके लोगों ने
इस पर कोई टिप्पणी नहीं की।

बाई ! दरद ले

तेरे पास और नसीब में जो नहीं था
और थे जो पत्थर तोड़ने वाले दिन
उस सबके बाद
इस वक़्त तेरे बदन में
धरती की हलचल है
घास की ज़मीन पर लेटी,
तू एक भरी-पूरी औरत
आँखों को मींच कर
काया को चट्टान क्यों बना रही है

बाई ! तुझे दरद लेना है
ज़िन्दगी-भर पहाड़ ढोए तूने
मुश्किल नहीं है तेरे लिए,
दर्द लेना

जल्दी कर होश में आ
वरना उसके सिर पर जोर पड़ेगा
पता नहीं कितनी देर बाद रोए
या न भी रोए
फटी आँख से मत देख
भूल जा ज़ोर-ज़बर्दस्ती की रात
अँधेरे के हमले को भूल जा बाई

याद कर खेत और पानी का रिश्ता
सब कुछ सहते रहने के बाद भी

कितना दरद लेती है धरती
किस-किस हिस्से में कहाँ-कहाँ
तभी तो जनम लेती हैं फ़सलें
नहीं लेती तो सूख जाती सारी हरियाली
कोयला हो जाते जंगल
पत्थर हो जाता कोख तक का पानी

याद मत कर अपने दुःखों को
आने को बेचैन है धरती पर जीव
आकाश पाताल में भी अट नहीं सकता
इतना है औरत जात का दुख
धरती का सारा पानी भी
धो नहीं सकता
इतने हैं आँसुओं के सूखे धब्बे

सीता ने कहा था—फट जा धरती
न जाने कब से चल रही है ये कहानी
फिर भी रुकी नहीं है दुनिया

बाई ! दरद ले
सुन बहते पानी की आवाज़
हाँ ! ऐसे ही देख ऊपर हरी पत्तियाँ
सुन उसके रोने की आवाज़
जो अभी होने को है
ज़िन्दा हो जाएगी तेरी देह
झरने लगेगा दूध
दो नन्हे होंठों के लिए

बाई ! दरद ले

मैं अभी-अभी माँ से मिलकर आया हूँ

वहाँ जैसे सब कुछ आइने के भीतर बसा था
मैं वहीं से अभी-अभी माँ के पास से आया हूँ
उसकी आँखों में आँसू नहीं थे
और वह वैसी परेशान-खटकरम में जुती हुई नहीं थी
जैसी हम लोगों को बड़ा करते
इस दुनिया के उस चार कमरों वाले घर में ताज़िन्दगी रही

उसने मुझसे कुछ भी जानने की कोशिश नहीं की
जैसे उसे पता था सब कुछ
उसने मुझे उन निगाहों से भी देखा
जो सारे अपराधों को मुआफ़ी देती है

एक बार मर चुकने के बाद वह अमर हो गई थी
मैं उसके लिए सिर्फ़ एक भटकी हुई गूँज था
जो कभी उसके अतीत की धड़कन थी
उस थोड़े से बेआवाज़ वक़्त में
पत्थर का एक घोड़ा और दो कुत्ते ज़रूर दिखे
कुत्तों के प्रति अपने प्रेम के कारण
हाथ फेरा एक के माथे पर
तो उसका उतना हिस्सा रेत की तरह बिखर गया

चाहते हुए भी माँ को नहीं छुआ मैंने
पता नहीं किन-किन दुःखों-स्मृतियों से भरी थी उसकी देह
मैंने चाहा किसी भी तरह मैं देख पाऊँ
उसके स्तनों को चूसते हुए अपने होंठ

कैसे युद्ध, मन्दी और फाकामस्ती के उन दिनों में
चिपटे हुए उसके पेड़ का पक्षी बन जाता था मैं

मैं उसे नहीं बता पाया
कि में क़साईख़ाने में काम करते शाकाहारी की तरह
कैसे ज़िन्दा हूँ इस दुनिया में
और शामिल हूँ उन्हीं में जो
अपनी करुणा की तबाही और
अपने साहस की हत्या के लिए
दूसरों को अपराधी समझ रहे हैं

मैं अभी-अभी माँ से मिलकर आया हूँ
और पुरखों की प्यास को चाट रहा हूँ
माँ से अपने ढंग की इस अकेली-अधूरी मुलाक़ात के बारे में

कोई सबूत देना सम्भव नहीं
यह न तो सपने में हुई
और न इसके लिए मुझे मृतकों में शामिल होना पड़ा।

हम किसे शाप दें

आजी के साथ क्या हुआ मुझे नहीं पता
पर आजी की सहेजी हुई चीज़ें
माँ को जगह पर नहीं मिलीं
अन्त तक वह बड़बड़ाती रही ईश्वर को कोसते हुए—
'दुनिया कैसी हो गई'

पर माँ द्वारा सहेज कर रक्खी चीज़ें
पवित्र भी थीं जिनमें कुछ
अपनी जगह पर नहीं हैं
पत्नी पहले तो ढूँढती देवघर में
फिर चौके से होती कबाड़-कोठरी तक पहुँच जाती
मैं पढ़ने के कमरे में
पुरानी डायरियों-किताबों में ढूँढता
जैसे कब्र खोद रहा होऊँ अपनी
कुछ भी हाथ नहीं आता

इससे भयावह क्या हो सकता है
कि वह भी न रहा जिसे माँ कोसती थी
हम किसे शाप दें

ग़ैरज़रूरी उजाले से टकराते
सिर फोड़ते रहेंगे अपना
हम ताउम्र आदमी होने के भरम में
उम्मीद का ख़ून-सना पत्थर
ढोते रहेंगे

औरतपन और बुद्धिमत्ता के बीच

अक्सर बुद्धिमान स्त्रियाँ आतंकित करती हैं
और प्रेम के लिए नहीं उकसातीं,
मैं जिस स्त्री का ज़िक्र कर रहा हूँ इस कविता में
वह वैसी सुन्दर तो नहीं कदापि
जो आँखों को विस्मय की नोक पर ठिठका देती है
न वैसी सुन्दर
जो केवल किसी एकान्त के इन्तज़ार तक सुन्दर बचती है

मझौले क़द और गेहुँए रंग की यह औरत
जिसे विदुषी दिखने के लिए ऐनक पहनने की
ज़रूरत नहीं पड़ती
पर जब वह पहन ही लेती है
तो औरतपन और बुद्धिमत्ता के बीच की शत्रुता को
तहस-नहस करते हुए ऐसे हलके मासूम उजाले
की तरह हो जाती है
जो आपके बदन का स्पर्श भी कर सकता है
और आपके मस्तिष्क में इस तरह कम्पन पैदा करता है
जैसे कोई आहिस्ता उसे जगा रहा हो
जो शताब्दियों बाद, शताब्दी भर से सो रहा है

अनुमान की स्वतन्त्रता का सम्मान करते हुए भी
चाहूँगा कहना, मैं नहीं दकियानूसी वैसा
जिसके यक़ीन में औरतें बुद्धिमान नहीं होतीं
और हो जाने पर घट जाता है औरतपन उनका
अक्सर जिस चीज़ से अमूमन घबराहट होती है

वह प्रखरता नहीं बल्कि आतंक होता है प्रखरता का
वैसे इस आतंक के मर्दन के बारे में भी कुछ कवियों ने
वैसा कहा है जो कहने लायक नहीं
मगर मैं जिसके बारे में कह रहा
वह तीन के लिए पकाया खाना
छः जन को खिला सकती है
और अपने मस्तिष्क और घर से बाहर की
दुनिया के बारे में बताते हुए
आवाज़ और आँखों के भीजने को बखूबी छिपा लेती है
और मज़े की बात, दिखाई नहीं देता गम्भीरता का परदा
प्रार्थनाओं सहित ईश्वर के बिना है वह
जब रेत और समुन्दर की तरह उसकी आँखों में
प्रेम और दहशत की जुड़वाँ परछाइयाँ होती हैं
तब वह अकेलेपन के अथाह जल में गोता लगाने के बाद
प्रकट होती है और प्यास के बारे में पूछती है
शिद्‌दत के साथ

भरपूर औरतपन और बुद्धिमत्ता के होते
यह स्त्री उस कटु अनुभव से बचाती है
जो आपको कई पंडितों को देखकर हुआ हो सकता है
जो इतने पंडित लगते हैं कि उनमें
आदमीपन कहीं नज़र नहीं आता,
दूर से देखने पर यह औरत बहुत पास लगती है
और नज़दीक होते ही वह आपको
सुदूर प्रान्तरों में छोड़ आ चुकी होती है
उसके तर्कों को सुनकर लगता है
जैसे वह सेब कुतर रही है
और जब वह फूलों को छूती है
तो सताई हुई भयभीत औरतों की गठरी बनी छायाएँ
सूखी पत्तियों की तरह बिखरने लगती हैं

बुद्धिमान स्त्रियों से ईर्ष्या करने वाले पुरुषों को

यह कविता अच्छी नहीं लगेगी
और स्त्रियों के लिए तो यह कविता हो ही नहीं सकती
क्योंकि इसमें एक ऐसी औरत का बखान है
जिसमें वे एक भी गुण नहीं ढूँढ पाएँगी

हिदायतें देने और निगरानी रखने वाली बीवियाँ

पतियों को हिदायतें देने और उनकी कारगुजारियों पर
निगरानी रखने वाली बीवियाँ म्यान से बाहर निकलीं तलवार की तरह
मुस्तैदी से अंजाम देती हैं अपने इरादों को
जैसे इसी के लिए उनका अवतार हुआ पृथ्वी पर
यक़ीन नहीं आता कि यही कल
कितनी मासूम और पाक लड़कियाँ थीं

दिलचस्प और मज़ेदार लगते हैं इनके खाविन्द
एक ही रास्ते पर नाक की सीध में चलने वाले
जिन पर इन सदात्मा बीवियों का दबदबा आतिशबाज़ी का मज़ा होता है
इनमें से कुछ खदबदाती रहती हैं हमेशा
फ़ायदे-नुकसान की तराजू थामे
वाक़िफ रहती हैं तमाम हिसाब-किताबों से
टेलीफ़ोन नम्बर, डायरी, चेहरे, कुर्सियाँ, तारीख़ें
याद रहती हैं इन्हें और हरदम जगाती रहती हैं
अपने जागे हुए पतियों को

बाज बीवियाँ, मैं जानता हूँ जिन्हें, हाकिमों की तरह सलूक करतीं
उनकी सुन्दरता इज़ाफा करती उनके आतंक और चौकस मार्गदर्शन में
जिसके चलते उनके छोटे-बड़े साहब अक्सर बीमार, भ्रष्ट
डरपोक और इस कदर कामयाब साबित होते
कि दुनिया दाँतों तले अँगुली दबा लेती

पर इन बीवियों का भ्रम पुख़्ता रहता कि उनके ही कारण
ये पोंगे और बोदे मर्द सीढ़ी-दर-सीढ़ी चढ़ते गए

और उनकी दूसरी तरफ़ न देखने की प्रतिज्ञा का
भरपूर फ़ायदा भी उठाया चन्द बीवियों ने

मैं जो लगभग आधी सदी से शौकिया जासूसी
करता आ रहा हूँ ऐसी बीवियों पर
और जिसका खामियाजा भी भुगता है मैंने, कह सकता हूँ
कि ऐसी बीवियाँ कभी नहीं समझ पाएँगी
कि वे किस कदर सर्कस में शेरों पर सवारी गाँठनेवाली औरतों की तरह
पेश आती रहीं अपने पति परमेश्वरों से
और अँधेरी ठंडी खोह में सुस्त पड़े इनके ये पस्त शेर
सुनते रहे प्रतिध्वनियाँ दीगर अज्ञात आज़ाद शेरों की

कोसों दूर से भी निगरानी रखने वाली एक बारीक निगाह बीवी
का भरतार उसकी बदकिस्मती से मुझ जैसे शौकिया मद्यप का दोस्त हुआ
एक बार खाते-पीते वक़्त उसे दहशत में इधर-उधर तकते देख
मैंने पूछा—तो कहने लगा—हालाँकि दिक्कत हो रही थी
उसे मोटी हो चुकी ज़ुबान के कारण
कि मैं कहीं भी होऊँ वह मुझे घूरती रहती है चीतन की तरह सूँघकर
कोंचती परहेज करती है
और अब बर्दाश्त के बाहर है पंख कटे कबूतर-सी यह ज़िन्दगी

मैं उन गिने-चुने लोगों
में एक हूँ जिसे कई देवियों ने
अपने शौहर के बारे में वो-वो बताया
जो बताने लायक़ नहीं था
और ये बीवियाँ अपनी इस कविता की बीवियों के ठीक विपरीत
खाविन्दों को छुट्टा छोड़ने, उनकी आज़ादी और गैरमौजूदगी में
अपनी खुशी ढूँढनेवाली सिद्ध हुईं

उदार हूँ स्त्रियों के मामले में और यह भी ख़ूब जानता हूँ
कि शालीनता के अहाते में नहीं आता
उनके कुदरती ऐबों का बखान करना

इसलिए आप समझ गए होंगे कि पूरे पाठ से
क्यों ग़ायब हैं उनके कई हिस्सों के बारे में मार्मिक टिप्पणियाँ
पर प्रिय पाठकों !
आख़िरकार यह कविता है
जो मुझे सच से भटकने की इजाजत नहीं देती

इस पर भी यदि इसे बीवियों के अत्याचारों के बारे में
कविता या गद्य समझा गया
तो बेचारी नेकी में जुटी उन बीवियों पर क्या गुज़रेगी
जिनमें से कुछ तो सचमुच देवियों की तरह ही हैं
और अपनी भरपूर देवीपन की शक्ति से
उतार चुकी हैं ज़हर अपने खाविन्दों का
काट चुकी हैं नाखून
फ़ासले कर दिए हैं रीढ़ की हड्डी में
और इस तरह अपनी इस दुनिया को
एक निरापद अहिंसक जगह बनाने में
सबसे बढ़िया और ख़ूबसूरत सहयोग कर रही हैं

और हाँ ! मैं जानता हूँ कुछ ऐसे करतबबाज़ खाविन्दों को भी
जो अपनी घाघ बीवियों को परास्त करते हैं उन्हीं के हथियारों से
और कोई साबित नहीं कर सकता कि वे जोरू के गुलाम नहीं हैं

क़िस्साकोताह बहुत गहमागहमी है जीवन में इन बीवियों के कारण
और मैं इन्हें अपनी पृथ्वी की एक नियामत भी मानता हूँ
ईश्वर सबको शान्ति दे !
जोकि इन्हीं में से
किसी बीवी का नाम हो सकता है।

नींबू माँगकर

बेहद कोफ्त होती है इन दिनों
इस कॉलोनी में रहते हुए
जहाँ हर कोई एक-दूसरे को
जासूस कुत्ते की तरह सूँघता है
अपने-अपने घरों में बैठे लोग वहीं से कभी-कभार
टेलीफ़ोन के जरिए अड़ोस-पड़ोस की तलाशी लेते रहते हैं
हर चेहरे पर एक मुस्कान चिपकी रहती है
जो एक-दूसरे को कह देती है—'हम स्वस्थ हैं और सानन्द
और यह भी कि तुम्हें पहचानते हैं खुश रहो',

यहाँ तक भी ठीक है
पर अजीब लगता है कि घरू ज़रूरतों के मामले में
सबके सब आत्मनिर्भर और बढ़िया प्रबन्धक हो गए हैं
पुरानी बस्ती में कोई दिन नहीं जाता था
कि बड़ी फज़र ही कुंडी नहीं खटखटाई जाती
और कोई बच्चा हाथ में कटोरी लिये नहीं कहता 'बुआ
माँ ने चाय-पत्ती मँगाई है'
किसी के यहाँ आटा खुट जाता
और कभी ऐन छौंक के पहले
प्याज, लहसुन या अदरक की गाँठ की माँग होती,

होने पर बराबर दी जाती माँगी चीज़
चाहे कुढ़ते-बड़बड़ाते हुए
पर यह कुढ़न दूसरे या तीसरे दिन ही

आत्मीय आवाज़ में बदल जाती
जब जाना पड़ता कहते हुए
भाभी ! देख थोड़ी देर पहले ही ख़त्म हुआ दूध
और फिर आ गए हैं चाय पीने वाले

रोज़मर्रा की ऐसी माँगा-टुंगी की फ़ेहरिस्त में
और भी कई चीज़ें शामिल रहतीं
जैसे तुलसी के पत्ते या कढ़ी-नीम
बेसन-बड़े भगोने, बाम की शीशी
और वक़्त पड़ने पर दस-बीस रुपय्ये भी
और इनके साथ ही आपसी सुख-दुःख भी बँटता रहता
जो पृथ्वी का दिया होता प्राकृतिक
और दुनिया के हत्यारों का भी

पर इस कॉलोनी में लगता है
सभी घरों में अपने-अपने बाज़ार हैं और बैंकें भी
पर नींबू शायद ही मिले
हाँ ! नींबू एक सुबह मैं इसी को माँगने दो-तीन घर गया
जैन साहब, निर्मलाजी, आशाजी के घर तो
होने ही थे नींबू क्योंकि इसके पेड़ भी हैं उनके यहाँ
पर हर जगह से 'नहीं है' का टके-सा जवाब मिला
मैंने फ़ोन भी किए
दीपाजी ने तो यहाँ तक कह दिया
'क्यों माँगते हैं आप मुझसे नींबू'
मैं क्या जवाब देता
बुदबुदाया—इतने घर और एक नींबू तक नहीं
उज्जैन फ़ोन लगाकर
कमा को बताया यह वाक़या
वहीं से वह बड़बड़ाई
वहाँ माँगा-देही का रिवाज़ नहीं
समझाया था पहले ही

फिर भी तुम बाज नहीं आए आदत से अपनी
वहाँ इन्दौर में नींबू माँगकर तुमने
यहाँ उज्जैन में मेरी नाक कटवा ही दी
हँसी आई मुझे अपनी नाक पर हाथ फेरते
जो क़ायम मुकाम थी और साबूत भी

कन्या महाविद्यालय की मेडमों से एक प्राचार्य की बातचीत

आपके आने से अच्छा लगा प्रिय मेडमों
आख़िर हम कभी-न-कभी उन क्षणों में आते ही हैं
जब इंसानियत हमारी गरदन पर सवार होकर
हमें नेक इरादों और अच्छे दिनों के लिए उकसाती है
जिन मुसीबतों और असुविधाओं के हम अभ्यस्त हो चुके
उन पर चर्चा अभी नहीं

आप ठीक कह रही हैं नई समस्याएँ
इनके बारे में हम अवश्य पत्थर फेंकेंगे अज्ञात इलाक़ों में पर बाद में कभी

याद करता हूँ इस बालिका महाविद्यालय में
अपने पिछले सात सौ पचास दिन
और चालीस से अधिक वे साल जिनमें लगातार विद्या खाते में
गाजर घास की बेकाबू पैदावार
चरित्र की बातें करते रहे बाहर के पाखंडी लोग
और भीतर के इलाक़े में बढ़ता गया सूखे का बदतर उजाड़

आपको सब कुछ तो ज्ञात
हमने इस किराए के खंडहर को
बनाया कैसे खुशनुमा
हमने दरियाँ, अलमारियाँ, फ़र्नीचर, श्यामपट्ट
फ्रिज, रेकॉर्ड-प्लेयर, कैसेट्स, परदे, किताबें ही नहीं ख़रीदे
आवाज़ की गरमी और रिश्तों की अहमियत को सँजोया
आप अधिकांश नेकदिल शिक्षिकाओं
और भविष्य और प्रश्नों के लिए व्याकुल सैकड़ों लड़कियों के बूते

हमने छोटे-छोटे सपनों के करघे बनाए बरामदे में
लड़कियों के सोच को खराद पर चढ़ाया
और बातचीत को आसान और जीवित बनाने के लिए
भय के स्याह परदों को फाड़कर
जासूसी करने वालों के पट्टे निकाल
उन्हें कुत्ता गाड़ी के हवाले कर दिया

मैंने बरामदों में अनगिनत चक्कर लगाए
और आवाज़ों से जाना
कौन मैडम आज पढ़ाने में मगन
किसका मन उखड़ा
कौन अस्वस्थ और किसे बिन तैयारी कक्षा में आना पड़ा

झुंड की झुंड लड़कियों से
मालूम किए दुख-दर्द
उनकी इच्छाएँ छोटी-छोटी
और अपनी इन्हीं लड़कियों ने असंख्य चिड़ियों-सी
चहचहाहट से गुँजाया अपना बरामदा
अंजुम याद है आपको मैडम
कामिनी, राजश्री, हरजीत, सुरैया, मीनू, विद्या, सपना, भारती, कामना
हम कभी सोच भी नहीं सकते थे
तमाम लड़कियों में छिपा है
कितना संगीत, अभिनय और प्रतिभा का ख़ज़ाना

पर मेडम पन्त ! आप तो सबसे वरिष्ठ हैं बताएँ
इस सबके बाद भी क्या-क्या नहीं हुआ
उस वक़्त जब हम लड़कियों की साफ़-सुथरी सफ़ेद पोशाकों से आगे
भविष्य के धुन्ध और घबराहट भरे रास्तों पर
उनके मजबूत इरादों और स्थिर क़दमों के बारे में सोच रहे थे
हम पर पत्थर फेंके गए
सचाई की गरदन झुकाई गई
नेकी को बदी से पाटने वाले आगे आए

जिनमें ज़्यादातर थे नगर संस्कृति रक्षक समिति के लोग

परदे के पीछे होती ही रहीं सर्व स्वीकृत टुच्ची हरकतें
छुट्टियों, फर्जी मेडिकल बिलों, वेतन-वृद्धियों और
अड़ंगेबाजी के मकड़जाल में भटकी
मृतात्माओं के लोभी खेल,
नौकरशाही की अस्पष्ट भाषा और अनिश्चित जानकारियों
निरर्थक पत्राचारों के विकट तन्त्र की
तकलीफदेह सचाई में मैंने जाना
ऊँची और उससे बाद की ऊँची और सबसे ऊँची कुर्सी का निठल्लापन
ज़िम्मेदारी को ख़तरनाक ढंग से टालने का
हुक़्मनामा देखा
बिन बात की बातों को जश्न बनाने के पैग़ाम पढ़े
टाइपराइटर पर आँकड़ों की खानापूर्ति के
कपटजाल में सूखते देखा हमने शब्दों और उनकी जड़ों में बसा
जीवन का रस

और यह कुर्सी जिस पर मैं आपके सामने
बैठा हँस बोल रहा हूँ
यह भी हक़ीक़त नहीं सिर्फ़ एक वहम है
क्योंकि यह ठोस ज़मीन पर नहीं अवमानना की हवा और
व्यवस्था के उपेक्षित अधर में लटकी है

और अन्त में
यही कि किसी भी सुहानी सुबह आप सब देखेंगी
कि पिंजरे का दरवाज़ा खुला है
और बावजूद अपनी और आपकी तमाम शुभकामनाओं के
मैं इस कुर्सी पर नहीं हूँ

और एक बात जिसके लिए माफ़ी चाहूँगा
पता नहीं कितनी जद्दोजहद और ज़िन्दगी के
किन-किन अँधेरे कोनों से निकलकर आती हैं

ये लड़कियाँ
इन्हें प्यार करें—उसी तरह सोचें
जैसा आप सोचती हैं अपनी बेटी या छोटी बहन के बारे में

मैं आपके काम का आदमी नहीं

मुझे लगा भूकम्प मेरा सारा घर खटखटा रहा है
शहर के सभी मन्दिरों और गिरजाघरों की घंटियाँ बज रही हैं
हड़बड़ा कर मैंने दरवाज़ा खोला तो सामने थीं सात महिलाएँ
सात समुद्रों या सात भुवनों से आईं—पता नहीं ?

अफ़सोस मैं उनके साथ यथोचित सलूक नहीं कर पाया

वैसे भी शुभ माना जाता है सात का आँकड़ा
और मेरे लिए तो ख़ासतौर से मुकद्दर चमकाने वाला
पर आज पाँसे पलट गए
वे बिन बताए आ धमकी ताबड़तोड़
इतना भी मौक़ा नहीं दिया कि मैं गंजेपन को छिपाती
जितनी कंघी कर लेता
जितने में वे बैठती न बैठती—मुझे तीन बार जमुहाई आई
जो सचमुच अच्छा संकेत नहीं था
क्योंकि अच्छी खासी आकर्षक तीखी और
नींद भगाने वाली थीं उनमें से दो महिलाएँ

ग़लत निकले मेरे अनुमान
जैसा भीतर-ही-भीतर बुदबुदाया था मैं—
'हे भगवान ! फिर से चन्दा उगाहने वाली मैडमों का जत्था
अथवा किसी नए उत्पाद को लोकप्रिय बनाने वाली
मायाविनियों का झुंड'
उनमें से एक ने शायद दो-तीन ने एक साथ कहा—
'हम समझती हैं हमारे आपके जीवन का एक ही उद्देश्य है

हम भी जुड़ी हैं लेखन से इसीलिए आई हैं आपके पास'

मुझे याद आ गया
आया हुआ निमन्त्रण पत्र अख़बारों में छपी ख़बरें
ये सब एक मन्त्री, एक कुलपति
और चन्द अख़बार वालों से चाहती हैं जानना
साहित्य के गढ़ में प्रवेश करने की
कौन-सी हैं कुंजियाँ ?
और शब्दों की दुनिया में हम कैसे क्या करें

मैं साठ पार का कम-से-कम स्वांग तो
भर सकता था धीरज धरने का
और इस सबको साहित्य पर बाज़ार का प्राकृतिक प्रकोप मान
हाँ-ना के बीच चुप रह सकता था
पर मैं तो दूध पीते बच्चे की तरह बिफर गया
और यह मुझे अपने जीवन की
औरतों से पहली दुखद और घटिया मुठभेड़ लगी

उनमें से एक ने अपने समझदार होने की घोषणा के बाद
समझाने की जो कोशिश की इन शब्दों में—
'शैतान से भी हाथ मिलाना पड़ता है
और गुप्त प्रयोजन भी हैं कुछ हमारे' इत्यादि-इत्यादि
इससे तो मैं और भड़क गया
मैंने कहा—
'क्या आपने कुम्हार के बच्चे को
चाक पर मिट्टी के छोटे-से लोंदे से खेलते देखा है
बागवान के नाती को देखा होगा जो दादा के पीछे घूमते-घूमते
जान लेता है बीज के दरख़्त में तब्दील होने का रहस्य
केवट के बच्चे को तो ज़रूर से देखा होगा
कैसे काटता है तेज़ पानी का प्रवाह लेता है नदी की थाह
और गोता लगा मुट्ठी में भर लाता रेत-कंकड़, सीपी समेत
कविता और सृजन भी इसी तरह की कोशिश है देवियो !

जीव-जगत का सब कुछ शामिल हो सकता है इसमें
फिर भी निषिद्ध हैं बहुत-सी मूर्खताएँ
वक़्त गुजारने—देखिए कृत्रिम समुद्री झाग में
नहा रही हैं पुष्पित होते हुए कितनी ही निर्वसन चीज़ें
वहीं जहाँ खेतों-मैदानों में पत्थरों की तरह
आसमान तक रही हैं अपने मुल्क की सताई हुई औरतें
सुर्ख़ियों में आने और अपने को जताने के
कई दीगर रास्ते हैं खोजिए उन्हीं में से कोई अपने लिए देवियों,

सचमुच बहुत सुन्दर और स्याह हैं आपके चश्मे
ऐसा ही होगा शायद आपका गुप्त प्रयोजन
इनमें और आपके निजी जीवन में भी
फिलवक़्त मेरी कोई दिलचस्पी नहीं
फिर भी देवियो ! भर दोपहरी आने
मुझे जगाकर दर्शन देने के लिए धन्यवाद
जाते-जाते अन्त में सुनते जाइए
मैं आपके काम का आदमी नहीं

औरत का हँसना

औरतों को कैसे याद रह सकता है
कब-कब और कितनी बार
आते-आते आँसुओं को आँखों में आने से रोका
और उसी क्षण होंठों पर हँसी पैदा करने में वे कामयाब हुईं
इस कोशिश और करिश्मे के पीछे
कितनी ग़लाज़त है, कितनी हिंसा, मजबूरी कितनी
ताक़त और आत्मसम्मान कितना
न तो वे जान सकते हैं जो उन्हें कोंच रहे थे
जानवर या फ़रिश्तों की तरह भीतर
और न वे जो बाहर उनके हँसते हुए चेहरों से मुख़ातिब हुए

दुःख भरे दालानों से गुज़रते आती है औरत
और झाँकती है वसन्त की खिड़की से
बेहद करीने से वह ढाँप लेती है भरपूर अँधेरा आसानी से
और कई बार चमकते अकेले तारे की तरह प्रसन्न
और सुन्दर लगती है

जीवन और मजबूरी का पाठ पढ़ें इसमें
या इसे ख़ूबसूरत फ़नकारी समझें जुल्मों से जूझते रहने की
कुछ लोगों को 'त्रिया-चरित्तर' की प्रचलित उक्ति से
मदद मिलेगी और वे इसे ख़ारिज कर देंगे
जैसे न्यायालयों में कई दुखड़ों को
इस लायक ही नहीं समझा जाता
कि उन्हें मेज़ पर रक्खा जा सके

सचमुच औरतों का हँसना
कई बार परदे की तरह होता है
अमूमन प्रारम्भ और अन्त के बीच
मध्यान्तर में गिरे परदे की तरह।

शब्दों के सूखते समुद्र के सामने

उम्र के पचपन और
नौकरी के तीस सालों को
देखते-तौलते वह उकड़ू बैठा है
और साथ ही दिखा रहा है क्वाँर की धूप
किताबों-काग़ज़ों के बेकाबू ढेर को

इस बारिश की तबाही में
सबसे ज़्यादा खस्ता हाल हुआ
रामचरित-मानस
जो दूसरे युद्ध के पहले से
पढ़ा जाता रहा उसके घर में

अब कोई क्या करे
इन ढेर सारी किताबों की नसीहतों का
घबरा रहे हैं हरूफ़
जिल्द साथ छोड़ रही सफ़ों का

बदसलूकी के अँधेरे
और सार्वजनिक झूठों के
नकली उजाले के बीच
उसे लगा कि वह
शब्दों के सूखते समुद्र के किनारे बैठा है
रेत पर अपनी ही अर्थी सजाता हुआ

देखता है चहुँओर

कहाँ गए शरीक होने, उठाने वाले
गुलाल, फूल, कौड़ियाँ,
चिल्लर बिखराने वाले
पता नहीं क्यों अब तक जमा नहीं हुए
गमछा डाले कन्धों पर
'राम नाम सत्य' पुकारनेवाले

फिर बुदबुदाता है वह
मैं खुद ही उठाऊँगा महाकाव्य की लाश
निर्जन शोक-सभा में
अपनी ही हड्डियों से बनाऊँगा
पंखहीन राख का कबूतर

अपने को देखना चाहता हूँ

मैं अपने को खाते हुए देखना चाहता हूँ
किस जानवर या परिन्दे की तरह खाता हूँ मैं
मिट्ठू जैसे हरी मिर्च कुतरता है
या बन्दर गड़ाता है भुट्टे पर दाँत
या साँड़ जैसे मुँह मारता है छबड़े पर

मैं अपने को सोये हुए देखना चाहता हूँ
माँद में रीछ की तरह
मछली पानी में सोती होती जैसे
मैं धुन्ध में सोया हुआ हूँ
हँस रहा हूँ नींद में
मैं सपने में पतंग उड़ाते बच्चे की तरह सोया
अपने को देखना चाहता हूँ

मैं अपने को गिरते हुए देखना चाहता हूँ
जैसे खाई में गिरती है आवाज़
जैसे पंख धरती पर
जैसे सेंटर फारवर्ड गिर जाता है हॉकी समेत
ऐन गोल के सामने
मैं गिरकर दुनिया-भर से माफ़ी माँगने की तरह
अपने को गिरते हुए देखना चाहता हूँ

मैं अपने को लड़ते हुए देखना चाहता हूँ
नेक और कमज़ोर आदमी जिस तरह एक दिन
चाकू खुपस ही देता है फ़रेबी मालिक के सीने में

जैसे बेटा माँ से लड़ता है
और छिपकर ज़ार-ज़ार आँसू बहाता है
जैसे अपनी प्रियतमा से लड़ते हैं
और फिर से लड़ते हैं प्रेम बनाने के लिए
मैं अपने को साँप से लड़ते नेवले की तरह
लड़ते हुए देखना चाहता हूँ

मैं अपने को डूबते हुए देखना चाहता हूँ
पानी की सतह के ऊपर बचे सिर्फ़ अपने दोनों हाथों के
इशारों से तट पर बैठे मज़े में सुनना चाहता हूँ
मुझे मत बचाओ
कोई मुझे मत बचाओ

आते हुए अपने को देखना सम्भव नहीं था
मैं अपने को जाते हुए देखना चाहता हूँ
जैसे कोई सुई की आँख से देखे कबूतर की अन्तिम उड़ान
और कहे—'अब नहीं है अदृश्य हो गया कबूतर'
पर हाँ दिखाई दे रही है उड़ान
मैं अपनी इस बची उड़ान की छाया को देखते हुए
अपने को देखना चाहता हूँ

झूठ के दरवाज़ों से निकलकर

मैं इतना झूठा तो नहीं
कि कहूँ हमेशा सच ही बोलता रहा हूँ
इतना सच्चा होता, तो क्या सम्भव था
मेरे लिए आज भी ज़िन्दा होना

मैं सच्चा बना रहता और मर जाता
यदि मुझे भूख नहीं लगती
यदि प्रेम का छत्ता मेरे भीतर उसे शहद नहीं बनने देता
यदि मुझे कमाने के लिए नौकरी पर नहीं जाना पड़ता
और मेरे आसपास षड्यन्त्रकारी दुनियादार लोग नहीं होते
यदि धर्म के अड्डे संक्रामक रोगों और कीटाणुओं से रहित होते,
और सरकार में घुसे लोग खाना-पीना-बटोरना छोड़कर
घबराए लोगों के बारे में कुछ सोचते
न्याय मन्दिरों और थानों की जगह सिर्फ़ मुसाफ़िरख़ाने होते
और मुझे गुणगान करने वाले चापलूसों के साथ
बैठने के लिए मजबूर नहीं होना पड़ता

मैं सच्चा बना रहता और शान से ज़िन्दा रहता,
पाक और बेदाग़ रहना किसे नहीं सुहाता
मैं अदब से रहता और क्यों झूठ बोलता
यदि सताए हुए लोगों की चीख़ों से उजागर नहीं होता
कि अपराधों का पुलिन्दा है नेक कामों में जुटे
सत्यवादियों की ज़िन्दगी

मुझे झूठ बोलना ही पड़ा

क्योंकि मीठा बोलने और दग़ा देने वाली
कुछ फ़रेबी औरतें मेरे हिस्से में आईं
क्योंकि सच के खजाने पर काबिज़
हत्यारों को मैंने बाँसुरी बजाते
और उनके सामने सच्चे लोगों को घुटने टेकते देखा

और आख़िरी बात
झूठ के दरवाज़ों से निकलकर मैं पहुँचा
समुद्र के उस किनारे,
जहाँ आग में नहाती नावें मेरा इन्तज़ार कर रहीं थीं
मैं उनमें से एक पर चढ़ा
और भस्मीभूत होने के बदले
वह हुआ जो आपके सामने हूँ, इस वक़्त यहाँ

कौन सम्मन जारी करेगा

मैं कहाँ जाऊँ
कौन सम्मन जारी करेगा
कितने ही मौत के परवाने जारी करने की
ज़रूरत का वक़्त

मैं थक गया हूँ
खुशहाली का धन्धा करने वालों से परेशान
चरित्र के तमाम कोट, टोपियाँ और गमछे
जिन्हें शालीन भाषा में कुछ और कहा जाता है
बिक रहे हैं

मेरी मेहनत पर पानी फिर रहा है
ग़ायब हो गई हैं संस्थाएँ साजिशों के अँधेरों में
और अब कितने दिन चलेगा यह सब
इमारतों, कुर्सियों और कम्प्यूटरों के भरोसे

निष्ठा के उजड़े नंगे पेड़ों पर लदे
उद्घोषणाएँ कर रहे हैं कौवे
ख़ून पानी की तरह बह रहा है
जिसका धन्धा कर रहे हैं राष्ट्रीय दलाल

आग की सन्दूक में रक्खा है हलफ़नामा
लपटों के कपड़े पहने खड़े हैं गवाह
किन्तु आसीन है एक गूँगा बहरा स्याह पत्थर

मृतात्माएँ यदि कर सकतीं
तो ज़रूर करतीं जारी सम्मन कई-कई चीज़ों के लिए
जो सम्भव होता पहुँच सकना मृतकों के न्यायालय में
निस्सन्देह मिलता हमें न्याय

कई-कई हस्ताक्षर हैं समय के

जो दो टूक दावे के साथ परिभाषित करते हैं
सबके समय को देखते हुए अपनी आँख से समझते हैं
कि वे देख रहे हैं असंख्य आँखों से
इतिहास उन्हें गिने ही नहीं या चाहे माफ़ भी कर दे
मैं कहूँगा—वे अबोध हैं या धोखेबाज-दम्भी
समझते हैं आकाश को पहना देंगे अपनी ऐनक
उनके मौजे-जूते आ जाएँगे पहाड़ों के पाँवों में

मैं जानता हूँ उसी समय को जो नहीं है और नहीं था
जीवन के बाहर कभी
और पता है मुझे विपन्नता के भयावह जख़्मों सहित
बेहद विराट है जीवन इस धरती का

समय जैसे घुसा है ख़ून से होते हुए मेरी हड्डियों में
और मेरी आँखें जिन कटावदार रास्तों से धँसी हैं
समय की पसलियों-गठानों और पारदर्शी हँसी में
यही मेरे हिस्से का समय है
और कोई भी दूसरा इसी तरह नहीं जान सकता इसे

वधिक की तरह था समय
और मेरी गर्दन थी उसके गंडासे के नीचे
मेरी ज़ुबान धरती को चाट रही थी छटपटाते हुए

प्याऊ पर बैठा था समय
और मैं निरन्तर उसकी आँखों में झाँकते तृप्त

बुझाता रहा था अपनी प्यास

वसन्त में समय वसन्त का उसके पास था
और मैं पतझर के ठूँठ पर बैठे हुए
कठफोड़वे की तरह खोद रहा था
किसी बारिश में भीगती देह के भीतर का
दूसरा ही समय

कभी जासूस कुत्ते की तरह भौंकता
उकसाता-उत्तेजित करता भेड़ियों के ख़िलाफ़
पुरखों-सन्तों की आवाज़ में ढाँढस बँधाता
बन जाता कभी प्रेम के लिए अमृत एकान्त
ऐसे असंख्य चेहरे हैं समय के एक ही समय में
स्याही नहीं सूखती उसकी यह दीगर बात

हुमसते आते घोड़ों, चिंघाड़ते हाथियों
फुदकती चिड़ियाओं के बीच घूमते-मथाते
समय के सिवा
राष्ट्रपति भवन, तिहाड़ जेल
और मुक्तिबोध की कविताओं के बीच
सम्मानित और अपमानित करने वाले
कई-कई हस्ताक्षर हैं समय के शान्त और कठोर
मैं उनमें से एक जो चाट रहे धरती का नमक
कर रहे साफ इतिहास के घुटनों से बहता मवाद
और नहीं है जिनके लिए अस्तित्व में
उधार के किसी समय का छद्मवेशी साम्राज्य

बीजों के भीतर की रोशनी में

समय की मुठभेड़ों ने ईजाद किया है मुझको
मैं चाकू हूँ आँसुओं में तैरता हुआ
समुद्र को ढूँढती मछली की तरह हूँ
इस दुनिया में

पाँच-सात दिन हैं काटने के लिए
पता नहीं कितने पहाड़ खड़े हो जाएँगे
क्षणों के रास्ते में

तहस-नहस होती खुशियों
और सूखे कंठों की प्यास में मथाते
एक कवि अनगिन कवियों को ढूँढता है
शायद अपने को भी उनकी आवाज़ों में

मैं आईने में देखता हूँ
एक सीझा दरख़्त गठानों से भरा हुआ
प्राचीन संस्मरण, हिंसा, आदिम आग
और पानी की आवाज़ जीवित है
उसकी एक-एक पत्ती में
और वे पुरखे अपने
दुःख की गठरियों को सपनों की पीठ पर ढोने वाले
कुचल दिया गया कीड़े-मकोड़ों की तरह जिन्हें
उनकी शिनाख़्त कोई भी कर सकता है
इसी दरख़्त की हड्डियों में

आँखों के भीतर वाली आँखों से
मैं आईने के भीतरवाले आईने में
एक साथ देखता हूँ विजेताओं का दम्भ
और पराजित हथियारों के एक से कारनामे
अधूरे जीवन और असमाप्त मृत्यु के बीच सपने में
मैं अन्धड़ में बिखरते-उड़ते बीजों को
फड़फड़ाते कबूतर की तरह सहेजते
हलाकान हो रहा हूँ

मैं शामिल नहीं हूँ उनमें
जो रास्ते दिखाने का दम तो भरते हैं
किन्तु उन रास्तों पर कभी खुद नहीं दिखते
मुसीबत के दिनों की जो पैदाइश हैं
मैं मुरीद हूँ उनका
वे चीरफाड़ के औजारों की तरह
साँस लेते हैं भट्टी में
और सहेजे हुए बीजों के भीतर की रोशनी में
चुपचाप घड़ीसाज, दर्जी या बढ़ई की तरह
अपने हाथ के काम को अंजाम देते रहते हैं

मेरी परवाह

पता नहीं किसकी अदृश्य हिंसक खुशी है
रेंगती हुई
जो मेरे फेफड़ों में छेद कर रही है

मेरी नींद और सपने के बीच
जमुहाई ले रहा है उन्मत्त तेन्दुआ

बन्दूक़ जिसके हाथों में है
मैं उसे नहीं पहचानता
पता नहीं कौन-कौन होंगे उसके शिकार

मैं तो नींद के बाहर
खोद रहा पत्थरों की जड़ें
ढूँढ रहा अपनी छाया के बीज

आकाश में मँडराती मौत और अँधेरे के बावजूद
मेरी परवाह है
दूध के दाँत,
शब्दों के परिन्दे
और
सीखचों के पीछे भी
सुलगती आँख

शैतान का हाथ

साइकिल की घंटी बजाते डाकिया चला गया
कमरे में दोपहर जल रही है
और वह चट्टानों की तरह धँसते दिनों के बीच फँसा
चिट्ठी हाथ में लिये बुदबुदा रहा है—
मुश्किल नहीं होगा कुछ भी छोड़ना
होता ही क्या है किसी के पास सचमुच का
यादों के सिवा
और वे भी तो खिसक रही हैं आहिस्ता-आहिस्ता

तभी उसे दिखा हाथ की चिट्ठी में बड़ा-सा छेद
जिसमें झाँककर वह देखने लगा बाहर—
वे जा रहे थे बाजे-गाजे के साथ
हाथियों-घोड़ों-रथों पर सवार
दुनिया को जीतनेवाले
रौंदते हुए बस्तियों को ईश्वर बन रहे थे

उसने कहा—मुझे कुछ नहीं चाहिए भगवान
थोड़ी-सी नींद बस काफ़ी होगी
फिर वह देखने लगा
अपने को सोये हुए गहरी नींद में
और उस सोये हुए की तरफ़ भी
बढ़ रहा था सचमुच के शैतान का हाथ

मरे हुए के बारे में

क्या किसी को हमेशा याद रहता है कि वह जीवित है
मैं तो सिर्फ़ उस वक़्त ज़ान पाता हूँ
जब एकाएक झटके के साथ महसूस होता है
कि मरते-मरते बच गया या मरा नहीं हूँ
बस उसी वक़्त कुछ देर के वास्ते कौंधता है
कि मैं ज़िन्दा हूँ

और ऐसे वक़्त मैं हमेशा इतना निहत्था होता हूँ
कि इस ज़िन्देपन के अहसास के साथ
कैसा भी सलूक नहीं कर पाता

मैं मय्यत में शरीक हुआ हूँ
उस वक़्त ज़िन्दगी पहाड़-सी लगती है
जब मैं कन्धा देने के लिए लपकता हूँ
और शवयात्रा में शामिल चेहरों को पढ़ते हुए
मैं लगभग मरणासन्न हो चुका होता हूँ
मौत से डरता है हर कोई
इसके बावजूद आदमी होने से कतराता है

मरे हुए के बारे में
लोग बेशर्म होकर भाषण देते हैं
और मैं पत्थर पर गुमसुम बैठे-बैठे
कीचड़ हो चुकी पवित्र नदी को देखता रहता हूँ
ऐसे वक़्त भी अपना ज़िन्दा होना याद आता है
पर यह किस काम का

बन्द दिल के लोग झूठ और फ़रेब का
मीज़ान मिलाते रहते हैं
और ऐसी सम्पन्न खुशी पर
मुझे थूकने तक की फुरसत कहाँ

जब भी ऐसा मौक़ा आता है
जैसा मैंने कहा मैं निहत्था होता हूँ
और एक निहत्था आदमी क्या कर सकता है
जब अच्छाई को ज़िन्दगी के हर कोने से
झाड़ा जा रहा हो
और इसे सफाई-अभियान की संज्ञा दी जाए

ऐसे वक़्त मरे हुए आदमी के बारे में भी
शक होने लगता है
कहीं वह जलती हुई लकड़ियों को
तितर-बितर करते प्रकट न हो जाए

मैं रास्ता ढूँढ रहा हूँ

अगली सदी के लिए मुल्तवी कर रहा हूँ
तमाम उम्मीद भरी यात्राएँ
अपने जूते उतारकर बहा रहा हूँ उस नदी में
जहाँ अस्थियों का विसर्जन होगा कभी

मैं किताबों को रोते हुए सुन रहा हूँ
उनमें चिबदी हुई आकृतियों और शब्दों को
मातम मनाते देख रहा हूँ
और डर रहा हूँ उन रणबाँकुरों से
जिनकी नाक के नीचे
स्वर्ग महकता रहता है हमेशा
और जो इस वहम में खुश थे और हैं
कि आकाश-पाताल मिलाते हुए
वे ही घुमा रहे हैं समय के पहिए

भले चंगे ईश्वर से कभी नहीं हुई मुलाक़ात
दुर्घटनाग्रस्त, घायल या मरणासन्न
प्रभु के बारे में कभी नहीं छपी
अख़बारों में कोई ख़बर
पर अपने मरने के पहले
देख ही ली मेरी उड़ती आँखों ने उसकी लाश
बेहद दर्दनाक साबित हुआ देखना
इस हाल में ईश्वर को पहली और अन्तिम बार

जो दिखाई नहीं दे रही भीतर की चीज़ें

वे भी जल या बुझ रही हैं
मैं नहीं कहता अन्त समय आ गया है
पुरुष, स्त्रियाँ, बच्चे और परिन्दे तो बचेंगे ही
सबका समुद्र और आकाश भी रहेगा
और थके-माँदे लोगों को नाचते-गाते देख
अच्छे निष्कर्ष निकाले जा सकेंगे
पर अभी इस वक़्त
चीज़ें जिस तरह बदलते बेस्वाद हो रही हैं
और जैसा पानी बज रहा है वर्तमान के पेट में
उसे देखते-सुनते हुए
मैं इतना अन्धा तो नहीं हो सकता
जैसा होने से सम्मानित हो सकूँ योद्धाओं की जमात में

किसी से क्षमा नहीं चाहता
कि मैं नहीं बन सकता विज्ञापन
जो नहीं हुआ वैसे संघर्ष का
थोड़े से फायदे के लिए अन्धे
महाकाव्यों की पंक्तियाँ कूड़ा करते
मार्गदर्शन कर रहे हैं
उनके प्रसन्न चेहरे को मैंने
कीचड़ से निकलते देखा है

सच तो यह है
मैं रास्ता ढूँढ रहा हूँ
कोई फ़ैसला नहीं लिख रहा
शर्मिन्दगी में डूबा पस्त आदमी हूँ
थकी हुई घायल धरती को
सूँघ रहा हूँ

तुका और नामदेव

रात तुका और नामदेव
दोस्त की तरह कमरे में आ धमके
फिर एक साथ बोल पड़े दोनों
'बन्दोबस्त कर कुछ खाने-पीने का'

'क्या है कुछ खास' यह तुका की
आवाज़ थी
नहीं था होश मुझको
कि क्या है चौके या फ्रीज में
एकाकी रहवास मेरा
फिर अँधेरे में
दोनों की रोशनी की इतनी बाढ़
चकाचौंध करती
घुसा भीतर घबराते
खास नहीं था पीने-खाने जैसा वैसा कुछ
फक़्त था पाव एक, आया पानी का जग और तीन गिलास लेकर

तो कोई नहीं था सिवा अँधेरे
और उनकी उपस्थिति की
शिवरंजनी महक के
जा चुके थे दोनों
दौड़ा नीमवाले नुक्कड़ तक
फिर लौटा हताश तो देखा
दोनों के हस्ताक्षर चमक रहे थे
मेरी कविता की पीठ पर

एकदम अपने बुख़ार में

जब इन्दौर में होता हूँ
शुभचिन्तक बता देते हैं कि उज्जैन गया हूँ
और उज्जैन में होने पर वहाँ के मेरे दुश्मन पता देते हैं इन्दौर का

इस तरह मैं कइयों के वास्ते कहीं नहीं होता
और कभी-कभी मैं भी जहाँ होता हूँ, नहीं होता
कुछ लोग वे की वे ही बातें करने के लिए इकट्ठा होते हैं
या मनाते हैं अपनी जीवित मातृभाषा के दिन, महीने, सप्ताह
तब मुझे बुख़ार आ ही जाता है

आयोजनों के हास्यास्पद दौर में
कुछ मसखरे हर दिन संस्कृति करते रहते हैं
साहित्य इत्यादि भी करते रहते हैं
और जिन्हें फ़रिश्ता मानते हैं उनके भेजे में
प्रवेश करते भेड़ियों के बारे में कोई बात नहीं करता
ज़िन्दगी के साथ हो रही कारगुजारियाँ नेपथ्य में सिसकती रहती हैं

किसी भी सफ़े पर कहीं भी कोने में
अपना फोटू या नाम ढूँढने वाले बड़ी फज़र जाग जाते हैं
और इन्तज़ार करते हैं पहले अख़बार फिर टेलीफ़ोन की घंटियों का
मैं अख़बार दोपहर में पढ़ता हूँ खा-पी चुकने के बाद
ऐन सोने के पहले ऐसी वारदातों वाले हिस्सों से
सावधानीपूर्वक बचता हूँ

उपदेशकों के पास शब्दों का भयानक ज़खीरा है

और वे मोक्ष और मुक्ति के सैकड़ों रास्ते
बेहद आसानी से बताते हैं
जिनमें कहीं नहीं होती मरते-खपते लोगों की दिनचर्या
ऐसा नहीं है कि शब्द मर चुके हैं
और कविताओं में नहीं मानवीय पीड़ा की चकाचौंध

पर असल चीज़ के लिए तड़पने वाले बहुत कम हैं
भीतर के वसन्त के साथ जैसे कम हैं गाने वाले
मौत से जूझ रहे लोगों की बातें भी यदि
सम्मानित होने के लिए की जाने लगें
और इस उजाड़ में मन्त्रियों, बेवकूफ शिक्षाशास्त्रियों आदि को
कुछ फायदों या फक़्त जश्न के लिए
अध्यक्ष और फीता काटने वाला वगैरह बना दिया जाए
और साथियो ! कोई भी इसकी निन्दा न करे
तो क्या हम लोग अपने को
मुर्दे से अधिक मरा हुआ नहीं समझेंगे

कुछ इसी तरह की दिक्कतें हैं
जिनके कारण मैं हमेशा किसी दूसरे शहर में होता हूँ या बीमार
क्योंकि जानता हूँ
मुझसे उम्मीद करने वाले निराश ही होंगे

इसीलिए मैं अपनी खिड़की से देखता रहता हूँ
उड़ते हुए कौवों को, कभी-कभी उनकी गिनती करता हूँ और सोचता हूँ
वे सदी के अवसान को किस तरह देख रहे हैं
वैसे अपने यहाँ मृतकों को सम्मान के साथ याद करने का
पखवाड़ा भी होता है
जीते जी उनके साथ क्या-क्या किया गया ?
यह याद करना कतई आवश्यक नहीं होता
अन्त्येष्टि धूम-धड़ाके से होती है
और मसानों को साफ़-सुथरा आध्यात्मिक शान्ति और महक वाला
स्थान बनाने का अभियान ख़त्म नहीं होता

यहाँ यह कहने से कोई भी बाज क्यूँ आएगा
कि करोड़ों लोगों के लिए संडास जैसी चीज़ नहीं है
वे भिनभिनाती मक्खियों के बीच जीमते हैं
उन्हें इस दुष्चक्र से निकालने के लिए
जो लोग आगे आते हैं वे दूसरे बड़े
काँजीहाउस जैसे बाड़े में फँसा देते हैं

हर शहर और गाँव के चौराहों पर
न दिखाई देने वाले नगाड़े रखे हुए हैं
जब तब पन्त पेशवा या उन जैसे आते हैं
वे बजते हैं, पूरी ताक़त से बजाए जाते हैं
इनसे तरह-तरह की आवाज़ें निकलती हैं
मुझे तो जिबह होते पशुओं का आर्तनाद सुनाई पड़ता है
पर दूसरे दिन अख़बार बताते हैं
इन आवाज़ों का मतलब दूसरा ही
कि—'हम आज़ाद हैं—आज़ाद हैं हम
और दुनिया की सबसे बड़ी हस्ती हैं'
मैं जहाँ नहीं होता वहाँ भी ऐसे नगाड़ों के ख़िलाफ़
तूती कहो या ख़तरे की घंटी की तरह बजने की कोशिश करता रहता हूँ

आकाशगंगा अपनी जगह सलामत रहे
मैं इस वक़्त इन्दौर में नहीं
अनन्त के केशविन्यास में व्यस्त असाधारण लोगों
अमरता मुबारक़ हो मैं उज्जैन में भी नहीं
विचार के लिए विचार करने वाले पंडितों
पोथियों, मोटे चश्मों के साथ मस्त रहो
मैं बुख़ार में हूँ, एकदम अपने बुख़ार में
और हूँ उसी जगह, जहाँ मुझे होना चाहिए

विक्रमादित्य के नगर में

मैं रहता हूँ विक्रमादित्य के नगर में
पर मैं विक्रमादित्य नहीं हूँ
मुझे खेद है इस नगर में एक भी विक्रमादित्य नहीं है

विक्रमादित्य मरा और मरने के बाद भी ज़िन्दा रहा
फिर दूसरा कोई विक्रमादित्य नहीं हुआ
दूसरा यदि हो जाता
तो यह नगर विक्रमादित्य का नगर नहीं बजता
इससे मुझे मदद मिलती जीने में

मेरे सपने में कभी नहीं आए विक्रमादित्य
भूलकर भी मैंने कोशिश नहीं की वैसा कुछ बनने की
फिर भी हँसी और दया का पात्र बना
मेरे अपने तक मुँह बिगाड़ कर कहने लगे—
'तुम बड़े बनने चले विक्रमादित्य'
सुनकर मेरी गर्दन शर्म से झुक जानी या अभिमान से तन जानी चाहिए थी
पर चेहरा तमतमा जाता इतिहास से बाहर आ
मुझ पर आक्रमण करते विक्रमादित्य के वास्ते

यह सच है कि मेरी आवाज़ सख़्त होती रहती है
और मैंने पाखंड के गुणगान में यक़ीन नहीं किया
मेरी दिलचस्पी भी नहीं रही
उन चीज़ों में जिनसे साबित होता है अद्वितीय या रौबदार इत्यादि होना
हाँ ! जब भी मैं खड़ा हुआ कुछ कहने को
अपने भीतर से थोड़ी-सी आग निकालकर

मैंने शब्दों के फेफड़ों में भर दी
और कहा—यह गत्ते के सिंहासनों पर
भूस की प्रतिष्ठा का उत्सव है

ईश्वर अन्धों को आँखें दें
और तुरन्त ज़ुबान काट ले खुशामदियों की
चाहे गूँगों की बस्ती हो जाए
संस्कृति या सभ्यता की यह कैसी भी पावन नगरी

बस इतने पर मुझे अपमानित होना पड़ता
ठौर-कुठौर कुछ नहीं देखते, बनते हो विक्रमादित्य
'अब क़ीमत चुकाना पड़ेगी'—इत्यादि कहा जाता

मैं माथा ठोक लेता अपना
और देर रात तक सोचता रहता—
कितना मुश्किल रहा होगा
उस आदमी के लिए इस नगर में
आदि से अन्त तक एक जैसा
विक्रमादित्य बने रहना

तुम्हें कुछ करना चाहिए

हर कोई मुझसे कहता है—
'तुम्हें कुछ करना चाहिए'
चीख़ते हैं शब्द
और ख़बरें घाव सी उमचती हैं मेरे भीतर
मेरी आत्मा भी बुदबुदाती है हर क्षण—
'तुम्हें कुछ करना चाहिए'

मैं अदृश्य मनुष्य बन सकता
तो क्या-क्या करता
सोचता रहता हूँ
कितने दस्तावेज़ तैयार हो जाते षड्यन्त्रों के
कितने कानों में फुसफुसाता रहस्य-कपट की बातें
कितनी छातियों पर करता प्रहार
कितने सिर कलम कर देता
अपने अदृश्य हाथों से

रोटियों और फलों और सिक्कों को
ज़खीरों से बटोर-बटोर कर
नंगी-भूखी दुनिया में पहुँचाते-पहुँचाते
कितना थक जाता मैं अकेला
अदृश्य मनुष्य होकर भी
कितना कर पाता मैं
डाकुओं के इस बीहड़ में

प्रकट जीवन में तो

मैं भी शामिल ही हूँ
हत्यारों के गिरोह में

मेरी ताक़त को
तिनके की तरह उड़ा दिया गया है
उचक्कों को देखती-सुनती और छापती है दुनिया
अपराधियों की जयजयकार के बीच
मैं गावदी, कायर
और परास्त मनुष्य की तरह
बुदबुदाता जा रहा हूँ—
'कोई मुझे सुनना नहीं चाहता'
फिर भी कहा जाता है मुझसे—
'तुम्हें कुछ करना चाहिए'
अकेले में मैं भी सुनता हूँ अपनी भी आवाज़—
'तुम्हें कुछ करना चाहिए'।

मैं आऊँगा

मैं यानी समुद्र का झाग
पकती रोटी के तवे के नीचे
आग का फूल
सदियों के ब्रह्मांड में ठहरा
अभी तक गुनगुना आदिम आँसू
मैं नमक का शंखाकार
आकाश में कबूतरों के
पंखों को झनझनाती
कांसे के घंटे की झंकार

मैं आऊँगा
थकी साँसों को थपथपाने
झुर्रीदार चेहरे में जमी हुई ग्लानि को
बर्फ़ की तरह पिघलाने
तुम्हारे न चाहने के बावजूद
मैं सावन की फुहारों की तरह
खुद आऊँगा
मैं ऐसी-वैसी हवा या कोई छाया नहीं
सत् हूँ आग का
मैं तुम्हारी निस्सहायता के अँधेरे में
अनुपस्थित ईश्वर के शून्य को भर दूँगा
अपनी लाखों वर्षों की
दिपदिपाती स्मृतियों से

मैं पंखों वाले निरामिष शेर

या होने की गूँजती
प्रेम की पहली पुकार की तरह आऊँगा
और निस्संग, अदृश्य, अपाहिज
और गतिहीन कर दूँगा
उन तमाम ख़तरों को
जो अपने दम्भ के फ़ितूर में
पैदा किए तुमने ही बेवजह

मैं आऊँगा
क्योंकि मैं आता और पहुँचता ही हूँ उस हर जगह
जहाँ बेसबब कपट दबाता है टेटुआ
उन उजले विश्वासों का
जिनके बूते बिना मरे ही हर सुबह
नया जन्म लेती है अपनी दुनिया

कविता पर रहम करो

चीख़ने-चीख़ने में भी फ़र्क होता है
अगर किसी को इसकी तमीज़ नहीं
तो उसे सब्जियाँ उगाना चाहिए
चाहे तो वह सोना भी शुद्ध कर सकता है
पर कविता उसके लिए निषिद्ध इलाक़ा है

भाईचारा निभाना अच्छी बात है
पर इसे भाईयों के साथ ही बरतें
चारा काटने की जगह भी दूसरी है
और वह भी कोई छोटा काम तो नहीं
पर कविता भाईचारे के लिए मैदान नहीं
दोस्त ! बहुत से नेक काम हैं
कविता पर रहम करो

दुश्मनी निभाना भी उम्दा बात है
पर दुश्मनों को पहचानना मुश्किल
जो चलते हुए आदमी की
छाया तक को कुतर कर ले जाते हैं
लम्बी है ऐसे दुश्मनों की फ़ेहरिस्त
इनमें से किसी एक पर झपट्टा मारो
कवियों पर मेहरबानी करो दोस्त
उन्हें चुपचाप अपना काम करने दो

भ्रम

जिस प्रयोजन के लिए जन्म लेती हैं चीज़ें
जीवन-भर उससे विमुख होने में व्यस्त रहती हैं
और मरने के पहले एक दिन
धड़ाम से गिर जाती हैं सच और झूठ के दलदल में

और फिर भी भ्रम बना रहता है अमरता का
जैसा हमारा हमेशा ईश्वर के बारे में

पराए शहर में मुलाक़ात

आतंक बादलों और बारिश का
आलीशान दुकानें-मकानात
रास्ते कीचड़ भरे
हुमसते हमला करते वाहन
और कुत्तों-गायों की आत्मीय उपस्थिति

इस सबके बीच वह पहुँचा वहाँ
जहाँ तय थी मुलाक़ात
एक अजनबी से
इस पराए शहर में

घंटों भीजता खड़ा रहा
देखता रहा सब कुछ
न देखते हुए

करीब तीन बजे प्रकट हुआ वह
उस वक़्त जब उसके भीतर
इन्तज़ार अन्तिम साँसें ले रहा था
दोनों ने देखा एक-दूसरे को
और साथ हो लिये
जैसे अपने हों जनम-जनम के

तेज चमकती हुई धूप थी
भीतर दोनों के
बाहर घमासान बारिश

तीसरा विश्व-युद्ध

सन्तों की कथनी को कूड़ा किया
तबाह चीज़ों को
नंगा, खंख भीतर तक

बदशक्ल करने में माहिर महानों की
बन्दगी बजाई

अब वे ही जुटा रहे शब्द
जीने के लिए तस्वीरें भी

नदियों को गटर बनाने वाले
दानवीर कहलाए चन्दा देकर
भूसा भरा स्वाद के भीतर
पेड़ों की गरदन काटी जिनने
वे ही बने मुख्य अतिथि अपने

विज्ञापनों के बीच
अख़बारों की सपाट छाती पर
चाहे नहीं हुआ हो
पर हुआ जंगलों में पहाड़ों पर
नदियों में हुआ मेरे भीतर
मेरी आत्मा के मरते हुए समय में
तीसरा विश्व-युद्ध

यह जेल की कोठरी नहीं है

यह जेल की कोठरी नहीं है
और न मैं वह क़ैदी जो हो सकता था
मेरे सामने मुलाक़ाती भी कहाँ
जो होना चाहिए थे

हम सब हैं स्वतन्त्र देश के बाशिन्दे
और जैसा कि आप जानते हैं कि सब कुछ जानते हैं
और बेहद मज़े में हैं
अनापशनाप ढंग की आज़ादी के साथ
व्यक्तिगत स्वतन्त्रता भी इफ़रात में हम सबको
कि कानाफूसी तक के लिए गुंजाइश नहीं

तो मैं अब इन शब्दों का क्या करूँ
देश के स्वास्थ्य और मौसम के बारे में
मौखिक सूचनाएँ आप मुझसे सुनेंगे भी तो क्यों

फिर भी मैं अदब के साथ चाहता हूँ कहना
जिस महीन चीज़ की उम्मीद करता है आदमी
उसे समझने की कोशिश करनी ही होगी
मुख़बिर गूँगा कर दिया गया है
और उसकी ज़ुबान ख़ून के थक्कों में चिबदी पड़ी है

मैं उनकी रिहाई के लिए यहाँ हूँ
जिन्हें न तो गिरफ्तार किया गया
और न जिन्हें कोड़ों की सज़ा ही दी गई है
हत्यारों को मर्ज़ है मन्द-मन्द मुस्कुराते रहने का

और तिस पर उनको सुनाई कुछ भी नहीं देता
जयजयकार से जख़्मी हो रहे हैं लोग
और नहीं जानते कि वे जख़्मी हैं

मैं चाहता हूँ बताना कि बेहद मुश्किल है
कपट की इस आसानी को जीतना
कैंसर हर जगह है गाजरघास की तरह
स्कूल, थाना, हस्पताल, कचहरी और भाषा तक में
सैकड़ों गंठाने हैं जगमगाते बाज़ार के बावजूद
भव्य-विशाल प्रवेशद्वार दिखने भर को
पर बौना इतना हक़ीक़त में
कि सचमुच का आदमी कितना भी झुक जाए—सिर झुकाए
फिर भी खड़ा रह जाए बाहर का बाहर

सचमुच इतनी विकट खींचतान
और इतनी बुद्धिमत्तापूर्ण आज़ादी के घमासान में
एक गावदी दृश्य साबित हो सकता है
ख़ून के भीतर से कहना
और चमड़ी के भीतर तक सुनना

इसीलिए मैंने कहा यह न तो जेल की कोठरी है
न मैं क़ैदी और न मुलाक़ाती आप
और यही वजह है
कि ख़ून से आँखें धोकर आए शब्दों से भी
वैसी मुठभेड़ नहीं होती
जैसी भूखे पेट मक्के की रोटी के साथ

फिर भी देखो उधर
गाती हुई हवा के हुड़दंग के बीच
चमकते कैसे आगे बढ़ रहे हैं पेड़
जिनकी आँखों में वैसी बरसात
जिनके लिए तरस रहे हैं हम इतने आज़ाद लोग

जो नहीं होते धरती पर

जो नहीं होते धरती पर
अन्न उगाने—पत्थर तोड़ने वाले अपने
तो मेरी क्या बिसात जो मैं बन जाता आदमी

आखेट और खेती-बाड़ी करते पुरखों ने
जो आग के भीतर नहीं पकाई होती अपनी ज़ुबान
तो वे नहीं दे पाते चीज़ों को एक के बाद एक
उनकी पहचान
असंख्य चीज़ें धरती पर, गर्भ में, आकाश
और पानी की अतल गहराइयों में
अपने ही पुरखों ने चस्पा किए असंख्य चीज़ों के
कई गुने एक-एक चीज़ के कई नाम

उनने जो नहीं होते पहचाने पहाड़
किया होता नहीं जो मिट्टी का नामकरण संस्कार
तो होते कैसे कहाँ कबीर, ग़ालिब, तुलसी अपने
जिनके बिना होता मैं गूँगा पत्थर एक बदनसीब

मेरा घर बना जो अनगिन शब्दों से
शब्दों के सत् की नींव पर ही तो टिका-खड़ा
समुद्र भी ढाई आखर का प्रवेश करता है आँखों से
जगमग अपने मोतियों से
चमकाता है घर के भी भीतर वाले
घर का कोना-कोना
नहीं होता जगमग

यह सब कुछ भी नहीं होता
जो धरती पर नहीं नाचती अपनी दरद दिवानी मीरा
पर कैसे गाती
तन्मय इतनी कैसे होती मीरा
जो नहीं होते धरती पर
पत्थर तोड़ने अन्न उगाने वाले अपने

साथ पहाड़ों के

हम बारह दोस्त पहाड़ों पर रहे
पहाड़ों के बीच
साथ पहाड़ों के रहे नौ दिन हम बारह दोस्त

नौ दिन हम रहे
अपने जन्म के समय से बाहर
हम मृत्यु के समय के परे रहे

सिर्फ़ हम बारह
और इतने पहाड़ एक से अनेक होते हुए
देवदारुओं की रोमावलियों से रोमांचित पहाड़
अपनी देह के हिस्सों से
हम पर शीतल जलधार बरसाते रहे और
फूलों वनस्पतियों की गन्धों वाला
नौ दिन-रातों का एक कल्प
हमारी चेतना के रन्ध्रों में समाता रहा

उबलते हुए जलकुंडों की
भाप में सिझाए हमने
भात की तरह
अपने शब्द

धुन्ध की जेब में डाले

हमने एक साथ बारह हाथ
और बादलों की घिसलपट्टी से फिसलकर आई
गिरी छपाक से
शीतल जल कुंड में
हमारी सबकी इतनी सारी हँसी
हमारे चेहरे भीज गए
अपनी ही हँसी के छींटों से
और हमारी आँखों में
उमच आई हिमालय की हरीतिमा
जैसे आँखें पैदा हुईं
धान के रोपों ही के बीच

व्यास, पार्वती, सतलुज को
हर रात भर अपनी नींद में
सुनते रहे
और बुनते रहे
जल-ध्वनियों के तानों-बानों से
सपनों में पहाड़ों के अकेलेपन का समाज

हमने फूलों से कुछ कहा
पहाड़ के दिल में गहरे बहती
नदी के होंठों से कुछ कहा
हमने अपने भीतर की स्मृतियों को
नशे में दहकाया
और आकाश छूते बर्फ़ के साथ
इस आग को मिलाकर
हमने अपने घरों को याद किया
बीवी बच्चों को पुकारा
और अपने-अपने प्रेम के साथ
हमने अकेले देखे
पहाड़ों पर घाटियों में
दियाबत्ती की बिरिया टिमटिमाते घर

हमारे नथुनों तक आई
भूख और इच्छा को जगाती
पकते भात की महक
अकेलेपन की पाल में रखी
आमों सी कच्ची नींद

और हम विनीत ढलानों पर लुढ़कते रहे
उद्धत चढ़ाई पर साँसें फुलाते रहे
हम पहाड़ों में ढूँढते रहे एक पहाड़
नदियों में एक नदी
पत्थरों चट्टानों में—एक पत्थर एक चट्टान
और इस तरह चढ़ते-उतरते
थकते-हाँफते-सुस्ताते
पहाड़ों के जीवन में हम खोदते रहे
अपनी शताब्दियों की स्मृति का पहाड़

और मासूम बच्चों
ऐदी मर्दों और कर्मठ औरतों में
हम ढूँढते रहे झरने-बादल
टट्टू और एक नदी फिर भविष्य की आँखों
में झाँकते रहे खामोश
पेड़ की कटी गर्दन की दहशत के साथ

पहाड़ से हम लाए अपने साथ
कुतर कर थोड़ा सा पहाड़
थोड़ा जंगल
अपने भीतर बर्फ़ का अदृश्य चन्द्रमा
अनन्त में उड़ती जिजीविषा की एक पतंग
भाफ़ का छोटा सा फाहा
और पानी का कच्चा धागा
लेकर आए भात का स्वाद
एक नन्हें से देवदारू की आँख का चिमनी-भर उजाला

और कुबेरों के जगमगाते द्वीपों के
आसपास की बड़ी दुनिया का चाकू सा
खुपसाता हिंसक अँधेरा
पसीने में खदबदाता
चट्टानों से लगातार जूझते जीवन का
हाँफ़ता संगीत थोड़ा-थोड़ा
हम अपनी आँखों और दिलों में
उतार सकते थे जितना
उतना साथ लेकर आए
और लौटे ख़ामोश नौ दिन की
छोटी सी फ़िल्म बनकर

फिर भोपाल के प्लेटफ़ॉर्म ने
हमें बारह घरों की दिशाओं में
मोड़ दिया
अब अकेले दौड़े हम
घर में होने के लिए

घर में
और चैन की
साँस ली मैंने
घर के चेहरों और हाथों से
मिटाई मैंने सारी थकान
फिर शाम को
अकेला बैठा कुछ देर
उड़ने लगी
आरामकुर्सी
होंठों पर आने लगे
ग्यारह नाम
ग्यारह चेहरे
धुन्ध से निकले

और बादलों में छिप गए
बादलों से निकले
और बसों में घुस गए

गरम पानी के कुंड से
नहाकर
निकले
और
पहाड़ के माथे की ग्यारह
टोपी बन सज गए ग्यारह दोस्त
और मैं बारहवाँ
जिसके पास कैमरा तक नहीं
इस वक़्त यहाँ भी आँखों से खींच रहा
सबके फ़ोटो पहाड़ों के साथ

यहाँ अश्वमेध यज्ञ हो रहा है

यातायात के जटिल और ख़तरनाक चक्रव्यूह में
फँसी हुई आत्माएँ फड़फड़ा रही हैं

अजीब शै है
यहाँ अश्वमेध यज्ञ हो रहा है

हत्यारे राजमार्ग के ताज़े ख़ून खच्चर को भूलकर
केशरिया कपड़ों में सजे-धजे
जीप और मारुति आदि जात के वाहनों में
ठसे हुए लोग लुगाई
अपने चरित्र के गँदले कपड़ों को
कर्मकांड की लांड्री में डाल
सपने में बन रहे हैं फ़रिश्ते
किसी तरह की शिकायत का कोई मौक़ा नहीं

अख़बारों की बेशक़ीमती मशीनें
प्रतिष्ठित लोगों की नामावलियाँ और फ़ोटुएँ
कम्पोज आदि कर रही हैं
और यज्ञ-कुंड के पास बैठे हुए
अपराधी चेहरों पर
ईश्वरीय आभा मँडराते देख
फ़ोटू खींचने वाले यन्त्र हक्के-बक्के रह गए हैं

तहख़ानों के बारे में सब बेख़बर हैं
यहाँ अश्वमेध यज्ञ हो रहा है

पुण्य ख़रीदने के लिए उतावले
थोक में चढ़ा रहे हैं
कड़क नोटों की गड्डियाँ हज़ारों की
और दया धर्म के प्रकम्पित आलोक में
मोक्ष यहाँ खैरात की तरह बँट रहा है
और अपनी-अपनी बीवियों को खींचकर लाए हुए लोगों में
हड़बड़ी है
उन्हें जोड़े के साथ होम-यजन करना है

भूल जाओ आधी रात की हत्याएँ और बलात्कार
यहाँ अश्वमेध यज्ञ हो रहा है

उधर मोबाइल टेलीफ़ोनों के सहारे
शेयर बाज़ार और भूमिगत धन्धे पर पकड़ पुख़्ता है
इधर कम्प्यूटर के परदे पर प्रवेश कर रहा है
अश्वमेध का घोड़ा
जो चीज़ धुँआ छोड़ रही उसे ईश्वर बताया जा रहा है
घंटाघर की सार्वजनिक घड़ी पिछले तीस वर्षों से
हरकत में नहीं—चुप है
इसे कबाड़ख़ाने की चीज़ बना
राजनीति में घुस गए हैं घड़ीसाज इत्यादि

पुराने जमाने के लोकोपकारी चेहरे
फिर से प्रकट हो रहे हैं पोस्टरों पर
अन्न और पानी और ढाई आखर के न्याय के लिए
तरसते लोगों की भीड़ पता नहीं
किस श्रद्धा के चुम्बक से सम्मोहित कैसे खींची चली आ रही
पंडित इसे सहज भाव कहते हैं
किसी ने बुलाया थोड़े ही

बरसों पहले मुक्तिबोध ने
पाखंडियों की जय-जयकार देखी थी

जिस शोभायात्रा में पिछलग्गुओं की भीड़ थी कित्ती
उसी का तो उत्तरकांड इस महापंडाल में
नहीं नहीं इस महादेश में भी
हर तरफ़ 'अँधेरे में' का उत्तरकांड,
तब तो बस एक था डोमाजी उस्ताद
अब तो देखो जिसे वही वही वही...

हर दूसरा काजल के बोगदे में
तीसरा तस्कर मन्त्र जाप करता
चौथा आग रखने को आतुर बारूद के ढेर पर
और पहला कौन है क्या सत्तासीन अथवा बिचौलिया
बिका हुआ सज्जन
पाँचवाँ-छठा-सातवाँ फिर गिनती के बूते के बाहर की संख्या में
शामिल होते हैं अन्दर जाते हैं—बाहर आते हैं
पवित्र गन्ध से आच्छादित है
नगर का आकाश
किसका नगर कोई नहीं जानता
यहाँ अश्वमेध यज्ञ हो रहा है

इस पवित्र भूमि पर अवतरित हो चुकी हैं
भूखी और प्यासी इतनी वासनाएँ विश्व-बाज़ार की
चीज़ों से पटी लकदक दुकानें
और मौत के मिलावटी धन्धे
किसके अनुशासन में हैं जेबकतरे और
वे भी जो आत्मा की छाया तक में करते छेद
नेपथ्य में बरबादियाँ तबाहियाँ थोक में
मंच पर बैठे ईश्वर की गोद में कायर ओजस्वी लालची बूढ़े नेता
और दौड़ता-भागता हुआ शहर सामने
दिग्विजय का अर्थ बिन समझे
मन्त्रोच्चार में शामिल होने के लिए गिड़गिड़ाता

भोंपू दहाड़ते हैं

इक्कीसवीं सदी का
पहला अश्वमेध इत्यादि-इत्यादि

और जो तबेलों में मरे-मरे से खड़े हैं घोड़े दीन-दयनीय
लगभग भूखे-प्यासे बस फुसफुसाते-से हिनहिनाते हैं
इस महायज्ञ और इसके हृष्ट-पुष्ट शुभ्र अश्व के बारे में वे कुछ नहीं जानते
लोकमंगल और समृद्धि तथा देशोत्थान के
देशी लट्टू जगह-जगह फ़्यूज होने के पहले जगमगाते हैं
घर बैठे भी दूरदर्शन पर देख सकते
जैसे तहलका, घोटाले, नाच-गाने-संसद इत्यादि

यहाँ अश्वमेध यज्ञ हो रहा है

रात का हमला

कौन जाने कैसे होंगे बच्चे
भाई अर्सा हुआ नहीं आया
अपने मर्द का रास्ता देखती
घट्टी पीसती बुदबुदाती जाती है औरत

बिजली कड़क कर दिखाती तार-तार ज़िन्दगी
कहीं भी दिखाई नहीं देते छिपे दुश्मन
गुप्त भेदिए की तरह बादल करते तहक़ीकात

रात का हमला
फिर भी टपकते छप्पर पर यक़ीन करती
कमज़ोर कलेजे से उम्मीद का गीत गाती है औरत

धमका कर गई पुलिस हटाना होगा डेरा
तो सर छिपाने की जगह ढूँढने गया मर्द
नहीं लौटा अब तक

झूठ और फ़रेब के घिनौने गोरखधन्धे में
फँसी ज़िन्दगी से घबराई
फूस का दरवाज़ा खोलते डरती है औरत

उधर छत की टोह में गए मर्द की आँखों में
आँधी में टूटते दरख़्त और
झंझावात में डगमगाती डोंगी की तरह अपनी मढ़िया
कलेजे में बरछी की तरह अपनी घरवाली की आह

निगाह से ओझल होते परिन्दों की तरह
अपने बच्चे

घट्टी पीसती घरवाली
और छत ढूँढते मर्द के बीच
हत्यारों के घृणित चेहरे
भद्र बाजीगरी के करतब
धुएँ का सैलाब छोड़ती तरक़्क़ी
फ़ोटो छापते अख़बार
नंगा अँधेरा
काँटेदार भी

इत्ते अँधेरे में

मैं सब कुछ नहीं जानता
और यह जानना जीवन में अनन्त स्फूर्ति भर देता है

दो आँखें हैं मेरे पास
जिनसे जो कुछ देखता हूँ
सब मेरे साथ है

नक्षत्र सौंपते हैं सपने
और नीले में सफ़ेद, सफ़ेद में सुनहरे का सूर्योदय होता है
पत्तियाँ कितने मजे में जीती हैं
और मरने के बारे में कुछ नहीं जानतीं
मैं जानता हूँ कि मर रहा हूँ
फिर भी मुझे ईश्वर की ज़रूरत नहीं
क्योंकि धरती की गन्ध और समुद्र का नमक
हमेशा मेरे साथ हैं

सबसे चमकदार सूरज भी मेरे हिस्से में आ चुका है
और उसके सबसे सुन्दर चाकू ने
मेरे ख़ून के अकेलेपन को ऐसी भाषा दी है
जिसके रहते कभी कोई अकेला नहीं होता

जब सीढ़ियाँ चढ़ता हूँ सबके सुख-दुःख में शामिल
तो जीवन का संग्राम मेरी धड़कनों में झपट्टे मारने लगता है
जब उतरता हूँ भीतर के कुएँ में
तो पानी की आग मेरी आवाज़ को आँच पहुँचाती है

शिकायतों के बग़ैर मैं बाहर आता हूँ
किसी से भी कुशल-क्षेम पूछने की हिम्मत नहीं होती
लोगों के दुःख इतने बड़े हैं
कि मुझे नहीं लगता
मैं उनके बारे में बात कर सकता हूँ

भय आतंक और असुरक्षा में फँसे लोगों के बीच
जब पहुँच जाता हूँ दबे पाँव
मुझे लगता है कि मैं एक विराट बन्दीगृह में खड़ा हूँ

जो लोग कारावास में कभी नहीं रहे
कहना मुश्किल है वे स्वतन्त्रता को कितनी शिद्दत के साथ
महसूस करते हैं
ख़ामोशी की ख़ामोशी में डूबकर
मैं जीवित आवाज़ों को थामने की कोशिश करते हुए
बुदबुदाता हूँ—
'सफलता सबसे कमीनी और बदतर चीज़ है ज़िन्दगी में...'
क्योंकि उस तरफ़ मैं देख रहा हूँ
दहाड़ने के बदले शेर बन्दूक़ को चाट रहा है
तेंदुआ झपटना छोड़
असाध्य वीणा की तरह पड़ा है
बिच्छू का डंक भी अपनी जगह पर नहीं है

सिर्फ़ वहाँ थोड़ी सी रोशनी है इत्ते अँधेरे में
जहाँ छीना-झपटी करते हुए गुत्थमगुत्था कुछ बच्चे
खाने की किसी चीज़ के लिए चीख़-चीख़कर झगड़ रहे हैं
जिन्हें देखकर लगता है झमाझम बरसात में
भींगते पत्थर राष्ट्रीय गीत गाते हुए नाच रहे हैं

पत्थरों के इसी संगीत में मुझे
कुछ भविष्यवाणियाँ सुनाई दे रही हैं...

●●●